Honoré LOANGO

Il était une fois
Altroto Moda Matrabanga

Le self-made-man de la mode

Éditions de l'Érablière

Dépôt légal : 2018
Bibliothèque et Archives nationales du Québec Bibliothèque et
Archives Canada
© Éditions de l'Érablière
C.P. 8886, succ. Centre-ville
Québec, Canada (H3C 3P8)
Droits de traduction et de reproduction réservés pour tous les pays.
Toute reproduction, même partielle, de cet ouvrage est interdite
ISBN 9782981491091

Honoré LOANGO

Il était une fois ALTROTO MODA MATRABANGA, Le self-made-man de la mode

Éditions de l'Érablière

Du même auteur

Aux Éditions « L'Érablière » :

- LE MARIAGE S'APPREND, Manuel de préparation dans une perspective chrétienne, Québec, Canada, 2015,
- SI JE SAVAIS…, Québec, Canada, 2016.

Dédicace

En hommage à tous ces milliers de Congolais tombés en Angola à la recherche d'un eldorado ;

En hommage à tous ces Congolais qui font des navettes entre Kinshasa et Brazzaville ;

À tous ces Congolais de la diaspora dont la vie est faite des soubresauts et des désillusions, mais qui, contre vents et marées, redressent leurs fronts en continuant de lutter pour leur survie ;

À Monsieur Edjo Powa et Madame Omoyi Omanga — les parents biologiques d'Altroto — pour les sacrifices consentis en vue d'un avenir radieux pour leur fils malgré les aléas de la vie ;

À Monsieur José Lutula et Madame Tshote Ongenba Elisabeth — parents adoptifs d'Altroto — pour tant d'affections ;

À Marie Edjo Powa, Dikete Osthudi, Esther Omanga et Pierre Lohaka — frères et sœurs d'Altroto — pour leur soutien de tous les jours ;

À Maman Kombe, paix à son âme, pour sa présence chaleureuse et son soutien manifeste lors de l'arrivée d'Altroto à Lunda Norte ;

À Madame Marie Mutetela, auprès de qui Altroto a trouvé de l'aide nécessaire et un soutien précieux ;

À la première dame Omba Kasembe, l'amour d'Altroto, toujours présente par son amitié et ses encouragements ;

À tous les lecteurs, vous qui nous faites des livres des magnifiques histoires et recettes ;

À tous ces journalistes qui aiment et affectionnent les livres,

Nous dédions ce roman.

Remerciements de l'Auteur

Ce livre n'aurait jamais vu le jour tel qu'il vous apparaît aujourd'hui entre vos mains sans l'aide magnifique et précieuse de nombreuses personnes.

C'est ainsi que nous remercions de prime abord Monsieur Altroto Moda Matrabanga, Artiste-Styliste avec un grand « A », Modéliste, Mannequin, Peintre et Musicien ; pour les informations fournies et qui ont concouru à la rédaction de cette biographie.

Nos remerciements s'adressent également :

À notre frère et ami, Hugues Onsens Nsebuir, Expert en diamants ayant travaillé en Angola, pour ses conseils, son soutien et sa généreuse participation dans l'élaboration de ce livre ;

À l'autre frère et ami, Pablo Léon Yaka Bisungu qui nous a prêté main-forte en participant, en soutenant et en partageant son expérience vécue en Angola.

Du fond du cœur, un grand merci à la grande famille Loango Boelua qui nous a toujours encouragé et qui a sensiblement contribué à faire de ce rêve d'écriture une réalité et a toujours été une oreille compatissante ;

À Vicky Loango, Patrick Miakukila et Richard Kibabu, tous trois de Paris en France, qui nous ont apporté leurs encouragements sans faille dans les contacts entrepris avec Altroto Moda Matrabanga ;

À notre charmante épouse Julie Loango Iyala qui, sans se plaindre, nous a encouragés et soutenus durant tous ces déplacements entre Kinshasa et Paris pour étoffer ce roman qui nous a pris plus de temps que prévu ;

À Oscar Banza Kabamba, pour avoir accepté avec plaisir de nous soutenir dans la relecture et la correction de ce roman ;

À Parole Mbengama, Écrivain, pour le beau travail accompli dans la relecture assidue de cet ouvrage, ses critiques, ses idées et ses précieux avis ont été une réelle valeur ajoutée ;

A Johann Walter Bantz , Photographe , pour sa précieuse collaboration et pour avoir mis à notre disposition avec enthousiasme des photos magnifiques qui ont facilité le choix de la photo de couverture de ce roman ;

À Magloire Mpembi, Éditeur, que nous remercions exceptionnellement pour sa confiance et l'incroyable opportunité qu'il nous a toujours offerte, considérant qu'une troisième parution aux éditions « l'Érablière » du Canada nous prouve que l'enthousiasme est plus que jamais là ;

À toutes et à tous ceux qui ont manifesté leur enthousiasme, de près ou de loin, pour ce fabuleux projet.

Aucune œuvre humaine n'étant parfaite, nous sollicitons votre indulgence pour toute erreur ou déformation de certains noms ou encore tout événement qui se serait glissé dans ce livre.

Honoré Loango

Introduction

En introduisant cette biographie, la première pensée qui nous revient en tête est celle de Marie Curie, née Sklodowska, physicienne française d'origine polonaise et Prix Nobel de physique en 1903 et de chimie en 1911 qui disait : « La vie n'est facile pour aucun de nous. Mais quoi que l'on fasse, il faut avoir la persévérance, et surtout la confiance en soi. Il faut croire que l'on est doué pour quelque chose, et que cette chose, il faut l'atteindre coûte que coûte. »

Ceci nous dit que lorsqu'on voit quelqu'un réussir dans la vie, ce qui est aussi relatif, ou quand tout lui réussit ; nous pensons toujours que tout est facile ou tout a toujours été facile dans la vie, ne sachant pas ce que la personne a rencontré des obstacles et a relevé des défis pour arriver à ce résultat.

C'est le cas de Monsieur Altroto Moda Matrabanga, de son vrai nom, Alphonse Wembekoho Omanga dont l'histoire constitue cette biographie : un styliste-modéliste congolais et au-delà de cela, Mannequin, Peintre et Artiste Musicien ; un monsieur courageux ayant connu un parcours atypique, parsemé d'épines, mais dont les difficultés et les désespoirs, plutôt que d'ébranler sa vision, l'ont par contre motivé à aller de l'avant jusqu'à ce qu'il cueille des roses. Ne dit-on pas qu'il n'y a pas de rose sans épines ?

Peter Drucker disait que chaque fois que vous voyez une entreprise réussir, il faut vous dire que c'est parce qu'un jour quelqu'un a pris une décision courageuse.

Et devant la pauvreté qui pointait à l'origine lors du décès de son cher père et à cela, ajouter, les événements des années 1991-1992, années du vent de la perestroïka — politique de restructuration économique mise en œuvre par M. Gorbatchev depuis 1985 — et ses bouleversements politiques en République Démocratique du Congo, Ex-Zaïre, avec des conséquences néfastes sur la vie de la population et le tissu économique du pays, qui ne l'ont pas épargné avec sa famille en ce qu'il n'aura plus l'occasion de continuer ses études secondaires, lui qui aspirait déjà dans sa tendre enfance, à devenir mannequin et créateur de mode.

En dépit de tout cela, il allait prendre une décision judicieuse et courageuse de ne se laisser pas dominer par ces événements en prenant l'option de se prendre en charge et chercher des voies et moyens pour contourner cela en vue de gagner sa vie autrement.

Ce qui va le conduire à se battre et se débrouiller déjà à Kinshasa, à Brazzaville quand les choses ne semblaient marcher comme il s'attendait localement, puis en Angola, précisément à Lunda Norte bravant tous les risques possibles de la vie et à Luanda, étape transitoire pour rallier Paris, la capitale de la France où les choses n'avaient pas été faciles jusqu'à atteindre sa période de gloire qui se concrétisera au fil des années.

Dans l'ensemble, ce roman dédié à Altroto Moda Matrabanga, surnommé aussi « Capelaro di Cappeli di Pagallia » en référence à un couturier d'il y a 400 ans qui cousait à la main comme ce dernier, comprendra six chapitres : le premier traitera ses origines familiales et nationales ; le deuxième portera sur sa lutte pour la vie et sur la vie aux vues des difficultés rencontrées ; le troisième abordera son bref passage à Brazzaville ; le quatrième portera sur son départ pour une nouvelle émigration, le cinquième chapitre, quant à lui, parlera de Lunda Norte en Angola, Eldorado ou la sélection naturelle ; le sixième relatera encore de la phase 2 de Lunda comme une seconde chance ; le septième sur son passage à Luanda en Angola comme étape de transition ou de tremplin pour une nouvelle vision de vie ; le huitième sur sa vie en Europe, ses calvaires, ses rencontres, sa renommée et les soubresauts de la vie et enfin le neuvième chapitre évoquera les perspectives d'avenir.

Partie 1.   Le Pool Malebo :
Le début d'une vie mouvementée

1. Des origines très modestes

La République Démocratique du Congo, avec ses 2. 345. 409 km², constitue une vaste étendue de terre à 98 % fertile au cœur de l'Afrique. Désigné par Frantz Fanon comme étant la gâchette de ce continent à la forme d'un révolver, ce pays n'est pas qu'un scandale géologique à susciter la convoitise de plusieurs. C'est surtout un panorama géographique avec ses quatre climats (équatorial, tropical humide, tropical sec et climat des montagnes), son relief allant de la Cuvette centrale aux hauts plateaux du Katanga, en passant par les montagnes de l'Est dont un certain nombre constituent des volcans éteints pendant que d'autres restent en activité.

Côté faune, on y dénombre une collection quasi mondiale, avec des espèces rares disséminées dans une flore partant de la forêt équatoriale jusqu'à la savane herbeuse, en passant par la savane boisée ; et le tout arrosé par le deuxième fleuve du monde qui la traverse d'un bout à l'autre à l'instar d'une colonne vertébrale où se greffent des affluents au débit supérieur à celui de tant de fleuves coulant sous d'autres cieux.

Pourtant, ce ne sont pas ces merveilles de la nature qui font sa grande richesse. Son plus grand trésor réside plutôt dans sa population : une mosaïque culturelle de plus de quatre cents tribus réparties en quatre grands groupes linguistiques qui sont : les Bakongo, les Baluba, les Swahilis, ainsi que les Bangala. Néanmoins, il serait simpliste de tirer des conclusions hâtives en attribuant une homogénéité à chacun de ces groupes, car sur le plan interne, il se dégage des particularités socioculturelles qui les éclatent en des sous-groupes différents les uns des autres.

Et à propos du groupe ethnique appelé Bangala, il se démarque d'un sous-groupe identifié sous le vocable *Anamongo*[1] et qui forme un patchwork de tribus tirant leurs racines d'un tronc commun qu'ils appellent oncle : les Mongo, un peuple vivant dans deux des vingt-six provinces du pays

---

[1] Il s'agit des Tomba, Bolia, Ekonda, Nkundo, Lokele, Ngando, Kusu, etc.

(l'Équateur et la Tshuapa) et qui, à l'instar du Latin qui concourut au développement des langues comme le Français, le Roumain, l'Espagnol, le Portugais et l'Italien, a produit les rejetons susmentionnés.

Ainsi donc, les Batetela de la Province du Sankuru[2] qui comptent aussi parmi ces « enfants des Mongo » ont à leur tour eu l'honneur d'engendrer d'éminentes personnalités telles que Patrice Émery Lumumba (le tout premier 1er ministre de la RDC et Héros national) et Papa Wemba (le Roi de la Rumba congolaise). C'est aussi à la même ethnie qu'appartiendront Monsieur Edjo Powa et Madame Omoyi Omanga de qui naîtra un certain Alphonse Wembekoho Omanga.

En effet, avant que naquit cet enfant mâle à Kinshasa la capitale, ses parents avaient déjà d'autres enfants issus de leurs unions antérieures. Ce qui fait qu'Alphonse viendra au monde par le truchement d'une famille recomposée dont il sera le sixième de son père (qui en aura sept au total, dont trois filles et quatre garçons) pendant que du côté maternel, il sera le quatrième de cinq enfants sortis de ses entrailles, dont trois garçons et deux filles.

Qu'à cela ne tienne, les familles africaines sont nombreuses et très souvent composites, mais cela ne les empêche pas d'être unies et heureuses. D'ailleurs, le plus important n'est pas le statut de demi-frère ou frère à cent pour cent que les autres doivent lui attribuer, car chez les Bantous on s'appelle *frère* tout court, et ça ne pose aucun problème. Le problème consiste plutôt en ce nom par lequel tout le monde devra l'appeler, parce qu'à Kinshasa on naît avec un nom reçu de ses parents, mais on évolue en portant un autre auquel le monde vous identifie.

Ainsi, à l'image de son aîné de la tribu Jules Shungu Wembadio Pene Kikumba qui deviendra mondialement connu sous le nom de Papa Wemba, Antoine Agbepa Mumba, cette autre vedette de la chanson qu'on appelle Koffi Olomide, ou

---

[2]Entité décentralisée de 105 000 km² tapissée d'une savane arbustive et plongée en pleine Cuvette centrale, issue du démembrement de l'ancienne Province du Kasaï Orientale en 2015.

encore — parce que les Kinois adorent la mode — Adrien Ngantsie Mombele, ce Pape de la SAPE[3] que les adeptes de la *Religion Kitendi* appellent Stervos Niarkos, Alphonse Wembekoho Omanga ne fera pas exception.

Et pour se choisir un surnom, il ne s'appellera ni Bozi Boziana comme cet autre musicien dont le vrai nom est Mbenzu ni King Kester dont le nom de naissance était Jean Mubiala Emeneya. D'ailleurs, il ne lui échut même pas de travailler ses méninges afin de se forger une appellation toute branchée, car un ami d'enfance prénommé Anicet et lui-même surnommés *Saute aux coins* s'en chargera.

Ce fut un bon matin d'il y a plus de trente ans quand ce dernier s'approcha pour lui communiquer ce qu'il présenta comme un oracle : « Tu sais, mon pote, lui dit-il l'air complètement inspiré ; cette nuit, j'ai eu en songe quelqu'un qui m'a chargé de te dire que désormais tu t'appelleras Altroto Moda Matrabanga. Ne me demande surtout pas qui est cet homme, car je n'ai pas pu l'identifier. Retiens seulement qu'il l'a justifié de la manière suivante : Altroto signifie "si tu me rencontres, tu m'aimeras à vie" ; Moda se rapporte à ton goût pour la mode ; et enfin Matrabanga pour dire : "si tu as un problème avec moi, c'est toi qui es fautif ; car je suis quelqu'un de bien et de paix". »

Dès lors, le vin étant tiré, il ne restait plus qu'à le boire. Il ne se donna pas, non plus, la peine de savoir de quelle langue sortait ce sobriquet somme toute exceptionnel, étant donné qu'Anicet lui-même rejoindra l'au-delà sans y apporter la moindre précision. Et par conséquent, il s'est contenté de le porter, point barre. Altroto Moda Matrabanga, cela avait suffi pour éclipser Alphonse Wembekoho Omanga.

Cependant porter un nom ne donne aucun moyen de substance, car pour grandir, les enfants doivent être nourris par leurs parents. Et pour les élever, leur papa qui n'était pas du tout riche avait néanmoins un emploi chez Siforzal — aujourd'hui Siforco — qui le muta à Kisangani où il passa une grande partie de sa carrière professionnelle. C'est d'ailleurs

---

[3] Société des Ambianceurs et des Personnes Élégantes.

dans cette troisième ville du pays que naîtront les autres frères et sœurs d'Altroto, lui-même et sa petite sœur étant nés à Kinshasa.

Signalons en passant que Siforco — acronyme de la Société Industrielle et Forestière du Congo — est comme son nom l'indique une entreprise spécialisée dans l'exploitation forestière et la transformation industrielle du bois. Créée en 1972, elle est détenue par Congolese Timber dont l'actionnaire principal a été le groupe Danzer jusqu'en 2011, avant qu'elle soit relancée en 2012 par le Groupe Elwyn Blattner (GBE) qui en devient depuis lors l'actionnaire principal.

Entre-temps, le séjour à Kisangani se passera tant mieux que mal. Malheureusement de retour à Kinshasa en 1982, la modeste et paisible famille connaîtra un désastre dont elle se souviendra toujours. C'est en cette année-là que papa Edjo Powa passera pour ainsi dire l'arme à gauche suite à une mort mystérieuse que d'aucuns attribueront à un empoisonnement.

Le pilier de la famille ainsi tombé, la mère prendra le relais avec toutes les difficultés inhérentes. Dès lors, ils habiteront chez la tante Ntshote Ongemba. Malheureusement en 1986, le spectre de la mort planant sur ce petit clan frappera de nouveau en emportant cette fois-ci Monsieur José Lutula : le mari de leur hôtesse et tante Ntshote Ongemba. Et suite à cette mort qui ne fera qu'ajouter une dose supplémentaire à leur lot de malheur déjà éprouvant, maman Omoyi et tante Ntshote n'auront plus d'autre choix que de rester ensemble, sous un même toit, pour l'encadrement et l'instruction de leurs enfants.

Il convient toutefois de signaler qu'à cette époque où seuls les hommes avaient un emploi formel et que les femmes étaient majoritairement ménagères, élever seules leurs enfants après la disparition de leurs maris n'était pas un jeu d'enfants. Néanmoins, *where there is a will there is a way*[4], comme disent les anglophones, les deux veuves se débrouilleront malgré elles dans l'accomplissement de cette tâche ; et Altroto fera ses premiers pas à l'EP Sainte Adrienne, une école située

---

4 Là où il y a de la volonté il y a la voie.

non loin de la maison communale de Ngaba où il décrochera six ans plus tard son Certificat de fin d'Études primaires.

Pour la petite histoire, la Commune urbaine de Ngaba qui compte parmi les vingt-quatre entités administratives, créées par l'arrêté ministériel n° 68-026 du 30 mars 1968 portant création et dénomination des nouvelles Communes de la ville de Kinshasa, tire son nom d'un grand chef Teke-Humbu. Son qualificatif de *Zone révolutionnaire* remonte à la lutte farouche menée par ses habitants lors des activités insurrectionnelles et anticoloniales ayant conduit à la souveraineté nationale. Dès sa création, cette portion de terre était unilatéralement occupée par les adeptes du Parti solidaire africain (PSA) d'Antoine Gizenga. Par la suite, sous la contrainte de l'autorité urbaine, elle cédera pour éviter le bain de sang.

Cela remontait à un passé révolu au moment où Altroto lançait ses premiers pas sur la route de l'école. Une route qui le conduira à l'Institut Mokengeli dans la Commune de Lemba où il suivra la branche littéraire.

Cependant comme nous l'avons dit, élever ses enfants dans la pauvreté n'est déjà pas facile. Mais lorsqu'au lieu de vous aider, le pays vous complique encore la tâche, les choses ne font que s'empirer. Cela se vérifiera lorsqu'au cours des années 1991-1992, la situation socio-économique devenue insoutenable après l'échec de la Conférence nationale souveraine entraînera les pillages[5] des 23 et 24 septembre 1991, avec ses corollaires de destruction de l'outil de production et du tissu économique, de fermeture des entreprises et de mise au chômage des dizaines de milliers de travailleurs, de rareté des produits de première nécessité et, bien entendu, d'hyperinflation.

En plus, comme le malheur ne vient jamais seul, l'instabilité politique ajoutera son obole à ce désastre en

---

[5] Ces jours-là les militaires revendiquant le versement et la majoration de leurs soldes déferleront sur la ville et saccageront les entreprises, magasins, industries, etc., entrainant ainsi les civiles dans leur mouvement.

occasionnant des grèves, des contestations populaires, des journées villes mortes, la rupture de coopération avec des pays phares comme la Belgique, l'embargo sans précédent et cerise sur le gâteau, des conflits interethniques.

Ainsi donc, suite à ces ravages sur le vécu quotidien qui plongeront la population dans un gouffre encore plus profond, Altroto qui comptait énormément sur ses études sera malheureusement contraint de les arrêter en 5e Littéraire, faute de moyens financiers, juste à un an du décrochage de son Diplôme d'État. Subséquemment, il se résignera à retourner à la maison pour ne rien faire.

2. La première bataille pour la survie

Les difficultés engendrées par la crise multisectorielle des années 1991-1992 n'avaient pas pénalisé que les pauvres. Malgré que ceux-ci en eussent encaissé les coups les plus rudes, cela s'était étendu à l'ensemble du pays. Et dans cette hécatombe, le premier désastre essuyé notamment par les jeunes sera « l'année blanche » dont la fermeture de tous les instituts supérieurs et universités rima avec l'oisiveté des masses.

Mais les jeunes se lassaient à ne rien faire. Et comme il fallait faire quelque chose, plusieurs groupes musicaux verront le jour à Kinshasa. Ce fut une époque pendant laquelle en sillonnant les quartiers de la ville, on tombait sur des banderoles et panneaux en bois faisant la publicité d'un orchestre évoluant sur le plan local. À titre d'exemples, nous citerons les groupes Art-Pathino VIP et Liban Musica dans la Commune de Limete, Cointa Musica et Formule Shaka à Matete, Laviniora Esthétique, SVP Lemba et Lokole ensuite de Lemba, ainsi que Traction Zenith dans la Commune de Masina.

Il se raconte partout dans le monde que les Congolais — ex-Zaïrois — naissent avec la musique dans le sang. Et puisque cela leur est une profession par défaut, alors pourquoi ne pas s'y lancer ? Encore que durant la même période, un groupe de jeunes comme eux, le fameux Wenge Musica qui, en apportant le *look BCBG*[6], montrait l'exemple en bousculant la hiérarchie jusqu'à entrer dans la cour des grands, annonçant ainsi l'avènement de la quatrième génération. C'était donc logiquement tentant pour tous ces jeunes rêvant de faire carrière dans le showbiz.

---

[6] Bon Chic Bon Genre. C'est une philosophie prônant un style de vie matérialisé par une bonne tenue comportementale, avec une élégance vestimentaire raffinée.

Ceci appelant cela, Altroto qui de toute façon était déjà exclu du monde scolaire qui cadrait peu avec son profil, c'est-à-dire celui du jeune premier amoureux de la mode, toujours tiré à quatre épingles, portant des chaussures et vêtements de grande marque et sachant marier les couleurs, ce bel aspect qu'on appelle « présence » que toute vedette devait afficher ; il tentera sa chance en intégrant Traction Zenith : un orchestre des jeunes de la commune de Masina, sans base juridique ni statuts, qui n'était en fait qu'un cercle d'amis passionnés de ces rythmes bouillants avec des déhanchements faisant l'identité de cette Rumba typiquement congolaise très appréciée dans le monde.

Et en évoluant comme chanteur dans cet orchestre, il fera la connaissance des autres chanteurs Ndobo et Willard, des guitaristes Wilfried, Tumba Cerruti et bien d'autres amis, notamment ces jeunes « Parisiens » débarqués d'Europe et portants avec élégance vêtements et chaussures de grande marque. Cela l'aidera à perfectionner son goût d'être à la pointe de nouvelles collections ou lignes de vêtements de grands couturiers italiens, français et surtout japonais.

Sa vie avait trouvé son premier cours, et en voulant avant tout s'occuper à quelque chose, il trouvait son plaisir en évoluant dans cet univers de la chanson et de la SAPE. Mais la musique ne fait pas que des riches à Kinshasa où beaucoup aspirent à une carrière internationale et que peu seulement émergent. Si les jeunes de Wenge Musica et une poignée d'autres groupes triés sur le volet ont eu la chance de trouver leur compte dans ce métier, la grande majorité de ces *ndulemen* ne réussiront jamais à percer. Ce qui les maintiendra au strict niveau de célébrité locale.

Altroto se rendra finalement compte que sur le plan socio-économique, son chapitre musical ne lui aura absolument rien rapporté. Au contraire, sa situation ne faisait que s'empirer et son avenir se dessinait de plus en plus ténébreux.

Cette première bataille était manifestement perdue, mais la guerre continuait et pouvait être gagnée. Il fallait juste changer le fusil d'épaule et reprendre le combat. Toutefois c'était plus facile à dire qu'à faire, d'autant plus que vivre à Kinshasa devenait de plus en plus un parcours de combattant, et que chaque jour apportait son lot de difficultés. Et pour cela, la grande question se posait : où allait-il trouver de quoi se nourrir et se vêtir dans cette ville cruelle au chaos endémique ?

La tâche s'avérait donc difficile, voire impossible, mais il ne fallait absolument pas baisser les bras. Un Kinois est un courageux. Sa spécialité consiste à relever les grands défis, à voir en ses problèmes des opportunités à saisir, à y faire face à tout prix, à sortir victorieux de toutes les difficultés qui lui tombent dessus afin de ne jamais en devenir victime.

Ainsi donc, étant donné qu'un poisson ne suit qu'un courant d'eau favorable et que Kinshasa devenait un lac socialement pollué, il jettera son dévolu sur Brazzaville.

3. Brazzaville, préambule d'une vie de diaspora

Le siège des institutions politico-administratives de la République sœur du Congo se trouve juste en face de Kinshasa, de l'autre côté du fleuve, sur la partie nord-ouest de ce qu'on appelle le Pool Malebo. Pour s'y rendre, il suffit de prendre un de ces bateaux qui assurent la traversée entre ces deux capitales les plus rapprochées du monde et facilitent en même temps les transactions entre ces deux peuples de l'ancien Royaume Kongo.

Dans ces échanges, les Kinois proposent divers produits cosmétiques et agricoles aux Brazzavillois qui en retour leur vendent des pagnes et des jeans, faisant que de part et d'autre on gagne sa vie. Et dans cette optique, comme la misère bat son plein à Kin la Belle, Brazza la Verte sert ordinairement de ville de refuge pour les gens de la rive gauche en mal de joindre les deux bouts.

Naturellement, Altroto n'y verra qu'une piste à explorer dans sa quête de survie. Seulement que pour s'y rendre, il ne prendra pas une de ces vedettes que l'on emprunte officiellement sur le quai du Beach Ngobila. Il n'a pas les moyens de se payer un tel luxe. C'est plutôt en pirogue qu'il bravera tous les dangers liés à cinq kilomètres de traversée d'un fleuve imprévisiblement impétueux et qui n'hésite pas à engloutir ses usagers surpris par la tempête.

À vingt-trois heures, il *signera*[7], en empruntant ce moyen de transport passablement pratique et moins coûteux qu'interdisent officiellement les autorités. En prenant cette embarcation façonnée à partir d'un vieux tronc d'arbre d'environ cinq mètres de long, pourri et suintant à plusieurs endroits, ils voyagèrent entassés comme des sardines dans une boîte que l'ironie du sort appelle exactement *bwato*. Pas

---

[7] En Lingala familier, « ko signer » ne consiste pas à parapher sur un document. Il signifie plutôt prendre le risque, braver un danger, affronter quelqu'un ou un obstacle, etc.

d'erreur, car c'est son nom en Lingala. Et dans ce rallye où la mort et la vie se jouent à chances égales, ils sont huit en plus des pagayeurs à se confiner dans un espace qui admettrait difficilement quatre personnes. Chacun étant inconnu de l'autre, ils partageaient tout de même un destin commun : la ruée vers cette terre promise, tout en sachant qu'ils pouvaient finir sous l'eau.

Néanmoins, tous ne partageaient pas le même degré de peur. Certains passagers ayant au préalable exercé la pêche apparaissaient un peu plus sereins, avec un minimum de plan de sauvetage au cas où le fleuve l'emportait dans cette bataille sur la pirogue. Mais pour Altroto qui ne savait pas nager, c'était carrément l'*aquaphobie*. Il mourait de trouille à telle enseigne que ses tremblements agitaient la barque au point de la faire tanguer de tous les côtés. Des temps à autres, un pagayeur le sommait de se tenir tranquille, mais l'apeuré ne remontait pas pour ainsi dire ses bretelles. La peur prenait le dessus sur ces coups de gueule. Il suffoquait, suant même à grosses gouttes malgré qu'il faisait froid au milieu du fleuve.

D'ailleurs, quelques minutes avant l'embarquement, la peur d'affronter ces grandes eaux s'étendant à perte de vue l'avait si dominé qu'il fut à deux doigts d'y renoncer. Mais derrière, une peur encore plus grande ; celle de ne retrouver que dalle en rentrant à la maison. Il décida donc de tenter sa chance. Dans cette espèce de quitte ou double auquel est soumis le peuple de ce grand pays, quand on n'a absolument rien en poche, on prend tous les risques parce qu'on n'a logiquement rien à perdre, mais tout à gagner pourvu que ça marche.

Heureusement, Dieu aidant, ces huit inconnus les uns des autres, cheminant ensemble vers un paradis ignoré, n'assouviront pas l'appétit vorace d'un fleuve qui pouvait à tout moment les avaler. Au bout de deux heures ou trois, ils accostèrent enfin à Brazzaville. Sains et saufs, mais en parfaits clandestins. Malgré qu'ils ne se fussent rendus qu'à quelques dizaines de kilomètres de leurs domiciles laissés de l'autre côté du fleuve, ils étaient tout de même réfugiés sur une terre insoupçonnée, étant donné qu'ils n'y connaissaient personne.

Et le mot de bienvenu dans cette ville de refuge sera proportionnel à leur état. Cette nuit-là, ils dormiront à même le sol et à la belle étoile au marché de Mpila qui pourtant se faisait entourer de quelques hôtels deux étoiles ou plus.

Parlant un peu du marché de Mpila, il est à l'image de Ndolo : son pendant kinois. C'est donc un point de chute pour les petites embarcations venant des villages pour écouler des produits vivriers : grains de maïs, cossettes de manioc, hachis de manioc fermenté (les *bimpuka* que les gens des deux rives connaissent bien), ignames, fruits tropicaux, poissons secs et fumés, viandes boucanées, etc. Appelé aussi marché de Yoro, il constitue le domaine par excellence des dockers, vendeurs à la criée, et plusieurs autres débrouillards que le jargon du métier appelle « coopérants ». Enfin, pour qu'affiche complet ce tableau, mentionnons qu'il est aussi un marché de nuit, cette fois connu sous l'appellation « Dragages », un nom emprunté à un consortium français de construction qui, par le passé, avait des installations au même endroit.

Au regard de cette description, le moins qu'on puisse dire, c'est qu'il n'était pas encore installé dans un nid douillet. Bah, peu importe ! Ce n'était pas le luxe qui comptait en ce moment. C'était avant tout le désir de quitter sa ville natale qui n'offrait rien en vue d'espérer trouver mieux sur place qu'il s'était lancé dans cette migration vers l'inconnu. Maintenant qu'il y était, il était question de s'installer quelque part, de trouver un job et de commencer à gagner de l'argent.

Deux jours plus tard, il fit la connaissance d'un Kinois nommé Aboubacar Wabakishi qui deviendra son premier ami sur cette terre d'asile. À propos, il convient de célébrer l'hospitalité légendaire de l'ensemble des populations africaines. Une hospitalité allant jusqu'à céder sa chambre à un inconnu sans aucune autre motivation que le sentiment de se faire le berger d'un frère en difficulté et en besoin de toit. Ce qui contraste totalement avec l'individualisme devenu monnaie courante chez les autres peuples. Et cette hospitalité qui n'est plus à démontrer offrira un lieu d'hébergement à Altroto, quelque part dans l'Arrondissement 3 de Poto-poto.

Ayant à présent un toit sous lequel poser la tête, le lendemain sera consacré au premier pas dans ce devoir qu'avait popularisé Pepe Kalle dans sa chanson *Article 15,* conseillant de *tailler la pierre*[8], de se débrouiller pour vivre…

Cependant pour travailler, surtout dans un pays étranger, il y a un certain nombre de préalables à remplir, comme avoir un titre de séjour, des qualifications soutenues par des diplômes attestant une formation dans une filière donnée, pour ne citer que cela. Pourtant, comme nous le savons déjà, le jeune immigré ne remplissait aucun de ces critères, pour la simple raison qu'il avait quitté l'école sans même décrocher son Diplôme d'État (ce qu'on appelle Baccalauréat dans sa terre d'asile) et qu'il s'y était débarqué clandestinement. En conséquence, il ne rêvait absolument pas d'un emploi de bureau.

Néanmoins, cela était loin de saper sa détermination à réussir dans cette ville. Un proverbe anglais dit que « lorsqu'une porte est fermée, une autre est ouverte ». L'école lui avait fermé ses portes à Kinshasa, il s'était tourné du côté de la musique. Plus tard, aussitôt qu'il avait compris que la musique n'était pas sa carte gagnante, il résolut de tenter sa chance de l'autre côté du fleuve. Maintenant qu'il y arrivait et que les perspectives d'un bon emploi lui tournaient le dos, il était hors de question de s'avouer vaincu. Les bureaux ne pouvaient l'accueillir, eh bien il restait plein d'autres boulots à faire ! D'ailleurs il n'y a pas de sots métiers, comme l'avait bien dit Le Roux de Lincy, un érudit français né en 1806. Il fallait donc se lancer dans le vestimentaire.

Aussitôt dit aussitôt fait, le jour suivant, il prit contact avec les *Wara*[9] qui lui fourniront des habits à revendre. Ce commerce lui rapportera quelques gains et lui permettra de survivre à Brazzaville.

Cependant son départ pour Brazzaville ne faisant aucune unanimité au sein de sa famille qui tenait absolument

---

[8] En Lingala on dit : « kobeta libanga ».
[9] Ce sont des commerçants Ouest-Africains. Appelés par erreur Sénégalais, ils sont majoritairement Maliens, Guinées, et Mauritaniens.

qu'Altroto retourne sur le banc de l'école, sa sœur Marie Edjo, persuadée que ce garçon se retrouverait en difficultés de ressources financières dans un pays étranger où il ne connaissait personne, fera de son mieux pour le rapatrier. Ainsi, deux semaines après son départ à ce qu'on pourra appeler l'exil économique, le *manvouliste*[10] vit se pointer devant sa maison d'accueil Anicet, un vieux du quartier, porteur d'une enveloppe contenant une somme d'argent devant lui permettre d'acheter un ticket de bateau et se faire délivrer un laissez-passer pour la traversée vers Kinshasa.

Dès lors, en enfant docile, discipliné et respectueux, Altroto entreprend les démarches nécessaires. Et le lendemain à onze heures trente minutes, il retraverse le fleuve. Si en partant il lui avait fallu deux à trois heures de sueur froide dans une lutte inégale contre des vagues menaçant de faire chavirer sa petite pirogue bondée, cette fois-ci il aura droit à quinze minutes de croisière à bord d'un vrai bateau au confort somme toute acceptable, même si là aussi le bateau était inondé de monde à telle enseigne que certains passagers furent débarqués par peur d'un naufrage éventuel. En plus, cette traversée s'était faite sur des barges à ciel ouvert et sous une pluie aspergeant les passagers tout en détruisant les marchandises. Néanmoins à comparer avec la petite barque de l'aller, les nouvelles conditions pouvaient être qualifiées de moins dangereuses.

Et c'est ainsi que le jeune débrouillard se vit obligé de clore le premier chapitre de sa vie de diaspora. Brazzaville ne fut qu'une parenthèse fermée au bout de deux semaines d'autonomie et de premier pas dans les affaires privées.

De retour à Kinshasa, sa sœur Edjo qui travaillait chez Marsavco[11] le lance dans le commerce des savons et détergents. Et avec une petite expérience acquise durant son bref séjour de l'autre côté du fleuve, Altroto n'aura pas du mal à fructifier ce petit business. Les affaires prospéraient et les

---

[10] Terme désignant les Kinois partis tenter leur chance à Brazzaville.
[11] Acronyme de Margarineries, Savonneries et Cosmétiques : une compagnie spécialisée dans la production des savons, détergents, huiles végétales et autres margarines. Elle fut implantée en RDC depuis 1922.

bénéfices s'engrangeaient au point de susciter quelques idées derrière sa tête. Kinshasa ne lui inspirait guère confiance avec sa misère endémique faisant que même si on y vivait dans une sorte de paix physique, les ventres restaient constamment en guerre. Ainsi donc, une paix sans pain n'étant pas du tout une vraie paix, il était temps de consulter son atlas, d'opérer son choix sur un nouveau pays, de reprendre son bâton de pèlerin afin de s'y rendre.

Partir était son leitmotiv. Et il le fallait à tout prix. Même un pays miné par une longue guerre et où l'on se battait avec des armes les plus meurtrières était à prendre. Pourvu qu'on y trouve financièrement son compte. N'avait-il pas appris que la vie est une espèce de quitte ou double : soit on perd tout , soit on gagne énormément si ça marche ?

Partie 2. Angola : Le début d'une chasse au trésor

4. Le départ pour une nouvelle émigration

Kelasi tosala, ba diplômes evanda ko na ndako
Misala mizali te, ba compagnies etonda
Ah nga na kende na nga cantonnier na Lunda...
Bic na nga bêche na nga, cahier na nga nde ami, oh !
Dès mon retour au pays, na sepela lolenge vie esengi
Na somba ndako na nga ya kitoko
Voiture na ngai'oh ya talo
Biloko ya ndako12...

En écoutant cette superbe chanson de JB Mpiana, on se régale de prime abord d'une musique bien arrangée comme Wenge Musica sait très bien le faire. C'est bon pour les oreilles, c'est bon pour la danse, c'est bon pour le rythme, c'est bon pour le moral. Peu importe ce qui est dit, ça vous berce à la manière d'un psychiatre au point de vous déstresser. Pourtant dès qu'on entend prononcer le mot « Lunda », le tilt se déclenche dans l'esprit. On oublie la mélodie pour se faire une image des diamants gisant au sous-sol de cette province angolaise.

Assurément dans sa quête d'un nouvel eldorado après l'aventure avortée de Brazzaville, Altroto avait entendu parler de ce lieu mythifié à outrance et s'était mis à rêver exactement comme dans la chanson proposée ci-haut.

---

12 On a fait des études, pourtant les diplômes moisissent à la maison
Il n'y a pas de boulot faute de postes vacants dans les entreprises
Par conséquent, je serai cantonnier à Lunda...
Mon stylo sera ma bêche, mon cahier c'est l'ami, oh !
Ainsi, dès mon retour au pays, je me réjouirai comme l'exige la vie
En m'achetant une belle maison, une voiture de luxe, et des tas de meubles...

Pourtant à cette époque-là, une guerre civile extrêmement meurtrière divisait ce pays en deux entités contrôlées respectivement par les forces gouvernementales du MPLA — dirigé en ces moments par le Président Dos Santos — et les troupes de l'UNITA de Jonas Savimbi qui contrôlait entre autres la Province de Lunda Norte évoquée dans la chanson ci-haut. Pour des raisons historiques, il convient de noter que la guerre ravageant ce pays — quatrième producteur mondial de diamant — avait été entamée du temps de la colonisation. Puis, de mutation en mutation, elle aboutira à cette ultime étape qu'on baptisa « guerre civile ».

En effet, tout avait commencé vers les années 1961 quand, contrairement aux autres puissances coloniales qui décidèrent d'accorder l'indépendance à leurs protectorats, le Portugal refusa de libérer ses chasses gardées qu'étaient l'Angola, le Mozambique, la Guinée Bissau et le Cap Vert. Et comme de la frustration naît toujours l'agressivité, des mouvements de libération jadis indépendantistes pacifiques opteront pour une lutte armée en vue d'arracher la souveraineté dans leurs pays respectifs.

C'est ainsi que jusqu'en 1974, trois armées soutenues chacune par un pays différent prendront en sandwich les troupes portugaises composées de plus de 190 000 soldats engagés sur plusieurs fronts. Il s'agissait du FNLA (Front national de Libération de l'Angola) de Roberto Holden, de l'UNITA (Union Nationale pour l'Indépendance totale de l'Angola) de Jonas Savimbi et du MPLA (Mouvement populaire de libération de l'Angola) d'Agostino Neto.

L'union fait la force, comme l'atteste la devise du Royaume de Belgique, les efforts coordonnés de ces trois mouvements pourtant autonomes affaibliront tellement les colons qu'à la mort de son Président Salazar, le Portugal accordera l'indépendance tant souhaitée le 11 novembre 1975. Toutefois en appliquant la formule chère à Machiavel qui consiste à diviser pour mieux régner, il négocia avec le MPLA seul à qui il confiera les rênes du pouvoir. Par conséquent, les deux autres mouvements, lésés par cet arrangement somme toute exclusif, continueront la lutte en retournant cette fois-ci leurs armes contre leur ancien allié installé à Luanda. La prise en sandwich reprendra de la même manière que du temps de la lutte contre le pouvoir colonial, avec le FNLA attaquant au Nord pendant que l'UNITA faisait la même chose au Sud.

Mais au bout de quelques années de lutte, le FNLA — d'idéologie pro-occidentale — qui pourtant était arrivé à deux doigts de prendre la ville de Luanda afin de renverser le régime y installé subira une contre-attaque fulgurante de l'armée communiste appuyée par les troupes cubaines et approvisionnées par l'Union soviétique. De là, il sera en perte de vitesse jusqu'à céder la totalité du territoire sous son contrôle en ne laissant désormais que l'UNITA – de tendance nationaliste et appuyée par l'Afrique du Sud – mener la guerre à partir de sa frontière namibienne jusqu'à prendre possession de la partie hautement minière du Nord-est qui inclut notamment la Province de Lunda Norte qui fait frontière avec le Centre-Sud de la République Démocratique du Congo.

C'est ainsi que, suite au grand chaos orchestré par l'instabilité, la destruction d'importantes infrastructures et du tissu économique, à y ajouter la mort de plus d'un demi-million de personnes, des centaines de milliers d'Angolais fuiront leur pays pour se réfugier dans les pays voisins, dont le Zaïre, y gonflant ainsi le nombre de leurs compatriotes ayant choisi l'exil aux premières heures de la lutte contre les colons.

Mais paradoxalement, pendant que les Angolais fuyaient leur pays pour se réfugier au Zaïre, les jeunes ressortissants de celui-ci faisaient la marche contraire en prenant d'assaut cette zone contrôlée par l'UNITA afin de s'y installer, plonger, creuser et exploiter les diamants que l'on vendait clandestinement et en toute illégalité. Et malgré le fait qu'y entrer était une chose et qu'en sortir était une autre, au regard des combats extrêmement violents, des épidémies ravageuses, des accidents et règlements de compte fauchant la vie des milliers de gens et rendant les autres handicapés physiques, bon nombre d'Africains — surtout les jeunes Congolais — n'y voyaient qu'un eldorado à cause des pierres précieuses abondant ses rivières ou son sol, ainsi que le commerce juteux qui allait avec.

Ainsi, le jeu en valant la chandelle, les risques étaient minimisés, seul le lucre accaparait les esprits. *Tia mutu ba kata*[13] était le mot d'ordre lancé par le célébrissime Papa Wemba pour exhorter les jeunes à prendre le risque. Et comme qui ne risque rien n'a rien, il fallait tenter sa chance. N'est-ce pas qu'on a aussi appris la formule *chance eloko pamba*[14] ? Alors, pourquoi fuir les balles et crever la dalle à la maison pendant que plein de gens y faisaient fortune sous les mêmes balles ? Les fameux *Bana Lunda*[15], n'est-ce pas qu'ils flambent à Kinshasa avec de l'argent gagné dans le diamant, y construisent des maisons de luxe, roulent carrosse, se fringuent à la mode, friment dans les bars et s'amusent avec du fric au point de te piquer ta meuf ? Ne sont-ils pas faits de chair et de sang comme tout le monde ?

La vie, c'est du quitte ou double, comme il l'a appris. Si ces gens-là bravaient ces dangers et amassaient de l'argent, il n'y avait aucune raison de rester à la traîne. D'où, Altroto faisant lui aussi partie de ces jeunes qui croyaient dur comme fer que pour réussir dans la vie et devenir grand, il fallait impérativement creuser le diamant en Angola, ne restera pas à la traîne. C'est ainsi qu'un bon matin de novembre 1993, il quittera Kinshasa en destination de ce *champ de mines*[16] à ciel ouvert.

Et en planifiant son voyage, dans le souci de s'alimenter tout au long du trajet et de se constituer un capital de départ une fois arrivé à destination, il acheta des cartons de poissons salés et toute une gamme de savons à revendre en cours de route. Puis il se rendit au parking de Wenze ya Ngaba[17] sur l'avenue Kianza là où il prendra un grand camion de la marque Toyota long châssis en partance pour la Cité de Kahemba qui,

---

[13] Littéralement « mets ta tête à couper ».

[14] Formule alléguant que la chance se dégotte facilement.

[15] Les enfants de Lunda : appellation désignant les Congolais expatriés dans cette partie de la planète.

[16] Le terme est à prendre dans toute son intégralité parce qu'hormis son côté minerai, cette terre était truffée de mines anti-personnelles (armes extrêmement létales).

[17] Marché Municipal de Ngaba.

en tant que carrefour et grand centre d'activités commerciales du Sud-ouest du pays, constitue l'un de cinq territoires de l'actuelle Province du Kwango[18].

C'est à dix-sept heures qu'il quittera Kinshasa, seul, sans guide ni ami, à côté des dizaines d'autres passagers inconnus en guise de compagnons de route n'ayant qu'une absolue confiance en l'avenir comme lors de son voyage pour Brazzaville ; à la seule différence que cette fois-ci, ils voyageront juchés sur la carrosserie bâchée du vieux véhicule, à la merci de toutes les intempéries.

Bien entendu, comme il fallait s'y attendre, le trajet releva d'un véritable sport extrême, avec un excès de vitesse qui constitue le péché mignon de tous les camionneurs, un tonnage excessif et des pannes techniques qui occasionnent jusqu'à ce jour de graves accidents sur cet axe truffé de nids de poule qu'est la Route Nationale n° 1.

Sur ces entrefaites, le moment le plus intense à susciter sa grande frayeur échoira pendant la traversée du pont Mai-Ndombe : un passage sinueux de sept kilomètres de descente et autant de montée où ils durent longer un gouffre de plusieurs dizaines de mètres — voire des centaines — de profondeur du haut duquel on apercevait quantité de véhicules ayant fini leurs courses au fond de cette rivière aux eaux aussi noires que son nom et qui naturellement n'épargne la vie de ceux qui connaissent la malchance d'y débouler avec leurs camions pouvant amorcer une vingtaine de tonneaux avant d'y finir écrasés. Signalons en sus qu'au regard de ces accidents que d'aucuns qualifient de mystérieux, il s'est forgé dans les croyances que cet axe abrite un sanctuaire de mauvais esprits qui occasionnent tous ces drames.

Toutefois, malgré qu'ils durent affronter ultérieurement les dangers de la même ampleur, il réussit à dominer sa peur grâce à une foi solide. Puis au bout d'environ 350 kilomètres de parcours, ils feront leur première grande escale à Kikwit : la

---

[18] Anciennement l'un de trois districts de la Province du Bandundu, il est devenu une Province à part entière à la suite de la loi de décentralisation entrée en vigueur en 2015.

principale ville de la nouvelle Province du Kwilu et qui fut autrefois la plus grande agglomération de la Province du Bandundu. Il était question de décharger les colis de ceux qui y terminaient leur voyage et recharger la marchandise des autres personnes voulant se rendre à Kahemba.

Et aussitôt qu'il mit les pieds à terre, il se lança dans la vente de quelques cartons de savons dont les recettes lui permettront de s'alimenter et payer sa chambre d'hôtel pendant deux jours. C'était un modeste hôtel sans courant alternatif produit par nos puissants barrages, mais doté d'un générateur capable de produire du courant continu pendant la nuit. Il n'y avait donc aucun souci à se faire, étant donné que son séjour dans cet hôtel n'était pas du tout désagréable.

Néanmoins, le plus grand challenge consistait en ces filles qui venaient par moments les prier de les emmener à Lunda en échange de leurs corps qu'elles offraient gratuitement. Tentant, n'est-ce pas ? Bon, no comment ! Toutefois Altroto baissera sa garde en tombant sous les charmes de l'une d'elles. Son alibi sera simple : lorsqu'on s'aventure seul et sans guide dans un pays inconnu, rencontrer une jolie fille désireuse de s'y rendre constitue un cadeau du ciel. Elle voulait se rendre à Lunda tout en manquant les moyens pendant qu'il manquait cruellement de compagnie. Eh bien, ça arrangeait tout ! Chacun disposait de ce que manquait l'autre. Il avait des sous à mettre à sa disposition et elle lui offrait cette protection morale rapprochée en lui servant éventuellement de guide.

De plus, pour pousser le coup de foudre à son paroxysme, il alla jusqu'à lui proposer des fiançailles que la fille accueillit avec une très grande joie. Elle en fera même part à ses parents qui à leur tour n'y feront aucune objection.

Entre-temps, Altroto attendait dans son hôtel que le camion achevât son chargement en vue de poursuivre son trajet vers Kahemba d'où il devait traverser la frontière pour entrer à Lunda comme planifié. Cependant, comme ces filles de Kikwit tombaient fréquemment victimes d'abus et d'escroquerie de la part des voyageurs en transit, elles veillaient et surveillaient les départs de camions afin de s'assurer que leurs heureux fiancés ne leur faussaient pas compagnie en se tirant en douceur. C'est ce que fera tout naturellement la fiancée d'Altroto. Mais, comme dans un jeu de cache-cache, celui-ci étant finalement frappé par la peur de l'inconnu, en plus de charges qu'il avait, préféra in fine emboîter le pas aux autres.

Dès lors, à gros malin, malin et demi, le jour où le camion se remit en route, Altroto ne s'embarqua pas au parking officiel où allait le repérer la fille en question, mais se rendit à dix kilomètres où, avec la complicité des membres d'équipage, il attendit le grand véhicule fonçant vers Kahemba. C'est ainsi qu'il s'échappa aux griffes de cette fameuse fiancée et arriva le lendemain à dix-huit heures à Kahemba.

5. Lunda Phase 1 : Eldorado ou la sélection naturelle

À l'instar des toutes les cités érigées sur la frontière, Kahemba n'était qu'un trait d'union entre deux mondes : l'un de production et l'autre de consommation. Véritable étape intermédiaire pour tous ces gens en partance ou en provenance de la mythique Province de Lunda Norte, les observateurs bien attentionnés y distinguaient aisément ceux qui sortaient d'Angola de ceux qui cherchaient à y entrer, car dans un sens comme dans un autre, elle servait d'antichambre.

Ainsi, les sortants s'identifient par l'avant-goût d'une vie d'opulence qu'ils devraient mener une fois rentrés à Kinshasa ou dans les autres villes de leur *come-back home*[19], du fait qu'ayant les poches bien garnies, ils ne travaillaient pas, mais se comportaient en patrons en bénéficiant d'une gamme de services comme la bouffe, la bière, les concerts, l'hôtellerie, et parfois les filles qu'ils payaient avec des dollars qu'ils brandissaient avec un certain narcissisme triomphal.

Quant à ceux qui cherchaient à traverser la frontière dans l'autre sens, ils ne festoyaient jamais, mais se rationnaient en tout et pour tout. Obligés d'être serviables, ils vendaient tout ce qui leur tombait en main ou exerçaient divers autres métiers permettant d'empocher quelques billets verts nécessaires à la survie dans cette localité où les produits de première nécessité coûtaient le double — voire le triple — par rapport à Kinshasa, mais aussi pour se constituer quelques provisions pour la suite du voyage.

Naturellement au vu de ce qui précède, Altroto se trouvait dans le camp des prestataires de service. Qui veut aller loin ménage sa monture, comme on l'a appris avec Racine — artiste, écrivain et poète célèbre (1639-1699) —, il lui fallait donc des moyens suffisants pour, avant tout, tenir à Kahemba où il fallait louer une maison en terre avec une toiture de pailles, en attendant l'occasion propice pour entrer à Lunda

---

[19] Retour à la maison.

Norte, sa destination finale. Et pour se les procurer, il se servira de l'argent gagné dans la vente de ses savons à Kikwit pour se lancer dans le commerce de *Mbinzo*, le mot en Lingala pour désigner la chenille. Cela lui prendra deux mois de business temporaire. Puis dès qu'il se fît suffisamment d'économie pour soutenir un tel voyage, il décida de se mettre en route, avec dans ses bagages quatre sacs de chenilles devant servir de fonds de démarrage dans sa nouvelle colonie d'exploitation.

C'est à bord d'un pick-up somme toute robuste malgré sa vieillesse attestée par plus de 100 000 kilomètres au compteur, sa carcasse[20] faite d'un patchwork de tôles gardant la peinture des épaves d'où ils ont été tirés, qu'il s'embarquera pour Lunda Norte. Toutefois, malgré qu'il eût payé cent dollars américains comme frais de transport, il voyagea assis sur les marchandises sur une route en très mauvais état, au point de transformer sa villégiature en un chemin de la croix, si ce n'est pas carrément un calvaire. En outre, arriver à destination n'était pas une tâche aisée, car il fallait passer par plusieurs villes et villages, traverser à la nage certains cours d'eau et franchir divers autres obstacles, sans pour autant perdre de vue que l'Angola était un pays en pleine guerre, où se battaient deux grandes armées farouchement opposées.

Qu'à cela ne tienne ! Il n'avait pas quitté Kinshasa pour s'arrêter à mi-chemin, faire marche arrière, fuyant ces dangers. « Avant-avant », c'est le principe kinois du jusqu'au-boutisme. C'est le fameux quitte ou double. Ou on perd tout en y laissant sa vie, ou on surmonte les épreuves et on gagne gros. D'où, il fallait foncer. Il ne fallait surtout pas faire machine arrière en fuyant ces dangers. Ainsi, de Kahemba, ils rouleront vers Kamadianga avant d'atteindre la frontière séparant les deux pays. De là, ils chemineront jusqu'au *post avançado*[21] qui dans un sens sert de premier checkpoint pour ceux qui entraient en

---

[20] Chacun de ses compartiments avait une couleur donnée, avec son intérieur simili cuir gris d'un autre âge et sa bâche de toile kaki pleine de trous faits par je ne sais quoi.

[21] Terme en Portugais qui se traduit par « poste avancé ».

terre angolaise, et dans l'autre, le dernier post de contrôle pour ceux qui en sortaient.

À cet endroit, tout le monde descendit du véhicule et des centaines de Congolais candidats à l'exil se firent contrôler. Il n'y avait personne dans cette zone neutre, mais à quelques mètres seulement, les éléments de l'Unita attendaient ceux qui franchissaient la première barrière pour les accueillir. En d'autres termes, nous dirons qu'ils les interpellaient, étant donné qu'en procédant à cette fouille systématique, les *Zairenses* se faisaient dépouiller de tous les biens de valeur en leur possession. Et c'est en cet endroit qu'Altroto se fera délester de trois de ses quatre sacs de chenilles. Mais ce n'était pas tout, car un soldat âgé de plus ou moins douze ans les enverra par la suite puiser de l'eau, construire des maisons, etc.

Plus tard, une fois la corvée terminée, on leur récita les dispositions du code de conduite devant les régir durant leur séjour dans cette terre d'accueil. Une pléthore de lois assorties dans chaque cas d'une punition dont la clef de voûte se résume en ces termes : toute désobéissance est sanctionnée par un châtiment.

En effet, il y avait plusieurs types de châtiments pouvant aller jusqu'à la mort, mais la plus courante consistait à subir le *ngondji* : une forme de torture tendant à ficeler la victime, mains et pieds réunis derrière le dos, de façon à faire bomber le torse en arc et offert aux coups de *kandambar* (un fouet un peu particulier). Signalons en passant que le *ngondji* est appliqué lorsqu'une personne est soupçonnée d'avoir volé le diamant dans une carrière ou encore lorsqu'elle s'est donnée à la contrebande de boisson ou de chanvre. Et pour dissuader les nouvelles initiatives, plusieurs personnes portant les séquelles de cette torture donnaient un exemple à la fois silencieux et terrifiant. Il fallait passer par ces coins pour en avoir une idée exacte.

Pourtant, quoiqu'il en fût, cela ne constituait aucune raison de faire machine arrière pour cet aspirant au bonheur. Il était venu en ce lieu pour faire fortune, et non pour chercher des ennuis ; d'où, il n'avait qu'à se tenir tranquille, c'est-à-dire, se conformer au règlement, en vue de s'en tirer à bon compte.

Entre-temps, après une journée de corvée et de dur labeur, Altroto et ses compagnons de fortune passeront la nuit à ce même *post avançado*. Très tôt le matin, les militaires les libérèrent et ils continuèrent leur marche à pied, évidemment après que chacun se fut acquitté d'un *guía* [22] de cent dollars américains.

De là, ils fonceront à l'intérieur du pays jusqu'à Camaxilo, un village composite, avec des maisons en briques, des huttes en bois et en pailles qu'ont construit des Congolais venus y chercher les diamants. Ce n'était pas un village comme les autres, vu que tout le monde avait le droit d'y entrer et de dormir à l'endroit de son choix. Altroto et ses compagnons y passeront donc la nuit pour se soulager tant soit peu des conditions psychorigides de la veille. Seulement, comme ces huttes n'étaient pas construites selon les normes, les eaux de pluie suintant de ce qui n'était toiture que de nom les mouillera de la tête aux pieds, à telle enseigne qu'ils ne purent fermer les yeux. D'ailleurs, ils ne le pouvaient puisqu'ils resteront debout et éveillés jusqu'au petit matin.

Pourtant, ils n'en étaient pas au bout de leurs peines, car dès le lever du soleil, ils se rendront compte des poux ordinaires et des morpions (les poux du pubis) qui tapissaient leurs corps et vêtements. Pas la peine de signaler la dangerosité de ces vermines susceptible de véhiculer des maladies telles que le typhus exanthématique et autres du même acabit. Et puisqu'il n'y avait ni shampoing ni lotion anti-poux au village, chacun dut s'en débarrasser comme il le pouvait.

Le jour suivant, tout le monde alla vaquer à ses occupations. Altroto fera alors recours à l'unique sac qu'il lui restait pour entamer son commerce des *mbinzo*. Là encore, la vente se fera en détail. Chaque *Sakombi*[23] de ces chenilles

---

[22] Laissez-passer en Umbundu : une de langue locale.
[23] Unité de mesure consistant en un petit gobelet en plastique instituée dans les années 70 par Dominique Sakombi Inongo, alors ministre en charge des affaires commerciales.

fumées lui rapportera quelques poignées de dollars américains. Cela lui permettra de réunir assez d'argent pour payer le prochain *guía* en quittant Camaxilo, car son objectif final était de se rendre à une carrière de diamant où il allait se faire beaucoup d'argent.

Et ça tombait à point nommé, puisqu'il s'y trouvait un groupe de Congolais planifiant de se rendre eux aussi à Luzamba qui, en plus d'être une grande municipalité de Lunda Norte dotée d'un aéroport, regorge une grande mine, ou mieux une carrière de diamant.

Ayant finalement constitué le groupe vers neuf heures et payé le *guía*, ces onze Congolais issus de plusieurs provinces du pays, dont deux femmes et neuf hommes, entameront une marche de douze jours à destination de Luzamba.

Ils étaient conscients du péril, puisqu'ils avaient appris toutes les souffrances endurées par leurs prédécesseurs dont un grand nombre avaient péri noyé dans les eaux de grande profondeur et pleines de cascades, terrassés par des maladies ou accidents et qui ont été enterrés dans l'anonymat à l'instar des soldats inconnus ; mais, mais… devons-nous rappeler qu'il s'agissait là de quitte ou double ? Cela ne pouvait en aucun cas les dissuader, parce que la vie est ainsi faite. Qui ne risque rien n'a rien. Si cela ne les tuait pas, ça les rendrait riches. L'appât du gain primant sur les risques, il était hors de question d'arrêter l'aventure. D'ailleurs à ce niveau, même s'ils décidaient d'abandonner, ils ne rentraient à la maison que moyennant cent dollars américains de *guía* à payer à chaque check-point. Ce qu'ils ne pourraient pas puisqu'ils n'avaient plus assez d'argent.

Et ceci expliquant cela, le groupe se mit en route. Cependant s'ils auraient cru avoir vidé la question des taxes, ils se rendront compte que le *guía* payé pour quitter Camaxilo n'était que partiel, car avant d'arriver à Luzamba il fallait d'abord transiter par Katshinga où il fallait s'acquitter d'un autre droit de passage. Ils y arriveront vers dix-neuf heures.

Toutefois, malgré qu'ils entrassent de plain-pied dans la Province de Lunda Norte, il n'y avait pas encore de quoi se réjouir ; puisque Katshinga n'était qu'une petite étape. La grande restait à faire. En d'autres termes, il ressurgissait l'épineuse question de trouver d'autres pécules pour payer le prochain laissez-passer. Il fallait donc se battre bec et ongle en vue de trouver d'autres moyens, tout en se fixant un rendez-vous pour reprendre la grande marche. Et là encore, Altroto reprit son *chail*[24] en faisant la ronde de toute la cité pour écouler le stock de chenilles qui lui restait.

Puis au bout de quelques jours, le groupe se reconstitua. Un fait à souligner, c'est qu'à l'image de ses anciens voyages, il n'avait pas d'amis dans le groupe. On se considérait simplement comme des passagers dans un bus dont seule la destination tenait lieu de point commun. Néanmoins dans ces genres de circonstances, tous, sinon la grande majorité, venant de Kinshasa où ils avaient appris des dictons comme : « toyaki mboka-mboka [25]», « nani ayaki na nani ?[26] » ou encore « kalayi ngangu [27]», ils se méfiaient au point que tout le monde soupçonnait tout le monde, et on ne se faisait pas confiance, chacun redoutant de se faire voler par son voisin le plus immédiat.

Bon, c'était tout à fait naturel de ne dormir qu'à la manière d'un python, ce fameux *pongi ya nguma* qui consiste à ne fermer qu'un œil durant son sommeil pendant que l'autre reste ouvert pour monter la garde. Même Honoré de Balzac avait écrit : « souviens-toi de te méfier. » Toutefois, cela ne les empêchera pas de loger dans une seule et très grande maison en terre de plusieurs pièces appartenant à un sujet angolais à qui ils versèrent vingt dollars américains chacun pour un séjour d'une semaine.

Par la suite, après qu'ils eurent réuni les moyens conséquents pour s'acquitter du *guía*, chacun remit sa gibecière gonflée de casseroles, assiettes, gobelets et autres ustensiles en plastique ou en métal permettant de bien pique-

---

[24] Du mot « chailleur » qui désigne un vendeur ambulant dans le Lingala Kinois, son diminutif « chail » se rapporte à l'action de vendre.
[25] On est venu chacun de son village [d'où, à chacun de veiller sur ses intérêts].
[26] Qui a amené qui [pour qu'il s'en soucie] ?
[27] Prudence, toujours de la prudence.

niquer dans cette randonnée pour Luzamba : une villégiature dans laquelle le lever du soleil sonnait le départ d'une marche qui ne s'arrêtait qu'au coucher du soleil, avec une pause à midi : le temps pour se ressourcer et se ravitailler en énergie.

Cependant dans cette épuisante marche de douze autres jours, ils étaient si fatigués qu'ils durent abandonner quelques ustensiles en route pour n'en garder que l'essentiel, allégeant ainsi la charge, condition sine qua non pour continuer à avancer ; car au stade où ils étaient arrivés, même un nouveau-né serait lourd à porter. Et il ne fallait absolument pas s'arrêter, sous peine d'être abandonné par des compagnons qui ne se soucieraient même pas de vous enterrer.

Au bout de quelques jours de cette périlleuse marche, ils aboutirent à un vaste territoire en terre rouge formé d'un plateau couvert de savane d'une beauté extraordinaire, avec un paysage magique, des ravins, des cours d'eau et leurs affluents. C'était un coin riche en minerais, mais pauvre en nourriture, à telle enseigne qu'ils eurent à distribuer aux autochtones le peu de nourritures qu'ils avaient avec eux.

Trois jours plus tard, deux autres rivières se dresseront devant eux. La première coulait à vingt mètres en dessous d'un dispositif de pacotille fait de deux troncs d'arbre placés en ligne droite, l'un après l'autre, et attachés par des fils qui en faisaient un pont de plus ou moins quinze mètres de long. Décidément, il fallait être un grand psychologue pour convaincre quelqu'un à braver ce danger, car si l'on ratait sa marche, la mort était inévitable. Et on réfléchissait à deux fois avant d'en entreprendre la traversée. Certains de leurs prédécesseurs priaient avec ferveur avant de lancer le premier pas, tandis que d'autres finissaient par se désister et rebrousser chemin, étant donné que l'imminence de ce danger imposait que l'on changeât son fusil d'épaule.

Cependant la sélection naturelle conditionnant la survie des plus forts au triomphe sur leurs faiblesses, ces onze téméraires ne reculeront pas. Même s'il leur fallut toute une journée et de grands talents d'équilibriste — car il s'imposait de bien tenir les fils du dessus de la tête —, ils arrivèrent au bout du compte à traverser. Les deux femmes qui tremblaient comme des feuilles seront tout naturellement les dernières à franchir cet immense obstacle.

Par ailleurs, le plus intéressant et qui convient d'être évoqué, c'est que ce cours d'eau qui n'est à ce niveau qu'une petite rivière que les Angolais appellent ou écrivent Cuango s'agrandit tout au long de son cours jusqu'à devenir ce mini-fleuve de Kwango qui donnera son nom à l'une de vingt-six Provinces qui composent actuellement la RDC.

Cette parenthèse fermée, revenons à nos amis. Ils sortirent complètement épuisés de cet exercice, et devant l'absence d'hospitalité, ils dormiront pêle-mêle, n'importe où l'on pouvait poser la tête. Ce ne sera que très tard un monsieur se résoudra à leur céder sa cuisine pour le reste de la nuit. C'était une pièce assez exiguë pour que onze personnes y dormissent dans les meilleures conditions. Mais à la guerre comme à la guerre, le plus important était d'avoir un lieu plus ou moins sécurisé où passer la nuit. Il n'y avait donc pas de quoi se lamenter sur ce point. Le seul bémol était qu'il y avait dans la maison une fille folle qu'ils ne découvriront que le lendemain, vu qu'ils y étaient arrivés assez tard pour la connaissance de tous les habitants de cette maison d'accueil.

Nous parlons de bémol au regard de cette drôle d'histoire, voire insolite, qui s'y était déroulée pendant la nuit. Plongé dans un profond sommeil, Altroto rêva qu'il faisait l'amour avec une fille dont il retint le visage. Puis en se réveillant, il constata que son pantalon était mouillé. Quelques temps plus tard en croisant la fille identifiée dans son rêve, il comprendra alors qu'il y avait quelque chose de mystérieux et d'anormal dans ladite demeure. Subséquemment, sans plus tarder, il ira raconter la scène au propriétaire de la maison. Celui-ci se mettra alors à crier de toutes ses énergies : « Elle continue avec ses sales histoires ! »

Le pauvre jeune Kinois ne comprenait pas le pourquoi de cet emportement. Et pour éclairer sa lanterne, le propriétaire lui avouera qu'en plus d'être folle, sa fille était une sorcière redoutée pour ces pratiques visant à se servir de tous ceux qui logeaient dans leur maison, peu importait qu'ils soient de la famille ou des inconnus en transit, pour pratiquer ses sales besognes qu'on attribue aux *femmes de nuit* dans les églises. Finalement, ce monsieur s'excusera auprès de son hôte.

Cette page ainsi tournée, ils quittèrent ce village et reprirent leur route. Au bout de trois jours de marche, ils aboutirent à une vaste zone de mangroves — zone biotique de marais maritime avec des formations végétales spécifiques caractérisée par la présence de palétuviers, d'arbres dont les racines s'enfoncent dans les eaux — complètement boueuse de manière à manquer d'endroit où poser les pieds. Mais puisque cela faisait partie des risques du voyage, ils s'y engagèrent malgré eux et s'en tirèrent le corps enduit d'un amas de boue très sale comme des peignes.

Quelques mètres plus loin, ils affronteront la deuxième rivière. Celle-ci avait des eaux noires et était réputée pour sa grande profondeur et sa colonie de crocodiles qu'on pouvait apercevoir le dos émergé sur les flots. Pour la traverser, il n'y avait qu'un grand arbre enraciné en pleine rivière et qui la traversait de bout en bout. Une fois de plus, il fallait une bonne concentration pour utiliser à bon escient ses branches, tout en veillant de ne pas tomber. Heureusement qu'ils y étaient arrivés pendant la période d'étiage. Ce qui leur permit de passer sans anicroche.

Les deux grandes rivières vaincues, ils en rencontreront d'autres en chemin. Mais celles-là avaient des ponts où l'on pouvait traverser sans risques. Cependant comme ils cheminaient dans une région où un danger faisait suite à un autre, les obstacles naturels laisseront la place aux périls d'invention purement humaine. Désormais c'était les dégâts de la guerre personnalisés par des épaves des chars de combat abandonnés, des maisons en ruine aux murs calcinés, des panneaux et affiches prévenant du danger des mines enfouies sous terre, etc. qui leur envoyaient un cynique message de bienvenue dans ce territoire à haut risque. En d'autres termes, tout ce spectacle — somme toute désolant — n'était qu'un appel à la vigilance, parce qu'en tout endroit et à tout moment des combats entre les forces gouvernementales et les rebelles de l'UNITA pouvaient les prendre en tenaille.

La peur s'accentuait logiquement dans leurs esprits, mais ils n'avaient plus de choix. Ils étaient suffisamment enfoncés au cœur du désastre qu'il fallait continuer sans se poser de questions. Ainsi, après douze jours de marche comme prévu, ils arrivent à Luzamba. Bien qu'ils arrivassent extrêmement épuisés, beaucoup ayant des pieds enflés, mais ils étaient enfin arrivés à destination, au complet et vivants. C'est tout ce qui comptait.

Toutefois, comme il fallait s'y attendre en cette zone de guerre, ce petit groupe sera interpellé dans un check-point installé à l'entrée de Luzamba, là où des militaires lourdement armés leur ordonneront de se déshabiller, sans tenir compte du fait qu'il y avait deux femmes parmi eux. C'était un contrôle de routine, mais à haut risque parce qu'il visait à identifier les ennemis potentiels.

À propos, il suffisait de porter des traces des plis de bottes sur ses jambes pour être traité de militaire et se faire arrêter sur-le-champ. À y ajouter les porteurs de tatouages qui n'étaient pas non plus les bienvenus, la tâche s'avérait donc compliquée pour Altroto dont deux tatouages — une tête de léopards sur le biceps droit et un aigle sur sa poitrine gauche — plaidaient en sa défaveur.

« Qu'est-ce que c'est que ces dessins ? lui demanda d'un ton extrêmement agressif le militaire chargé de le fouiller.

- C'est juste quelque chose que je me suis fait lors de mon séjour au Congo Brazzaville, répondit-il calmement tout en implorant la faveur divine au fond de lui-même. »

Heureusement pour lui, Dieu avait exaucé sa prière et ce militaire — contrairement aux instructions — fit montre de compréhension et le laissa passer. Ce fut un soulagement, car autrement ce serait un gâchis de se faire refouler après avoir franchi toutes ces étapes dangereuses.

Profitons de cet arrêt sur l'image pour évoquer un point assez important, car le snobisme battant son plein de nos jours, beaucoup de gens se font tatouer n'importe quoi et n'importe où, sans tenir compte des répercussions que cela peut avoir dans l'avenir. En effet, certains tatouages pouvant être portés à vie, il peut se passer qu'un jour ces marques qu'on s'était pourtant faites en toute innocence, identifient son porteur à un groupe ou catégorie de gens n'ayant pas bonne presse au point de mettre sa vie en péril.

Revenant sur ce contrôle assez rigoureux, lorsqu'on était pris à cause de ces indices, il ne suffisait pas de se déclarer Congolais en exhibant sa carte d'identité pour se tirer d'affaire. On ne pouvait s'en sortir qu'en exhibant cette cicatrice à l'avant-bras gauche laissée par un vaccin que les Congolais étaient les seuls à recevoir à la naissance et qui constituait leur particularité.

Finalement à l'issue de ce contrôle pratiqué en violation totale de la pudeur et de la dignité de la personne humaine, surtout pour ces femmes obligées de se dénuder en présence des hommes, il y eut plus de peur que de mal puisque personne ne sera retenu à ce barrage. Il était maintenant question de progresser vers Kisweyi.

Mais à ce niveau, le petit groupe se scinda entre ceux qui entreprirent d'avancer — un sous-groupe comptant Altroto en son sein — et ceux qui optèrent pour y rester trois jours de plus, le temps de trouver de quoi s'acquitter d'un autre *guía* permettant d'accéder à cette carrière.

À Kisweyi, Altroto fera la connaissance de plusieurs jeunes Congolais ainsi que d'autres Africains venus en Angola à la recherche des diamants. Il suffisait de circuler pour remarquer que la plupart de personnes portaient de bijoux de grande valeur autour du cou, au poignet, à la cheville, à la hanche... Un autre signe démontrant à suffisance que c'était une cité prospère, c'est qu'on y portait sans gêne ni discrétion d'énormes quantités d'argent — majoritairement des dollars américains — qu'on exposait en briques, dans des sacs ou des malles amplement ouverts sur des tables derrière lesquelles s'asseyaient cambistes et acheteurs des pierres précieuses.

Cela faisait de Kisweyi une ville mouvementée à l'image de Kinshasa, précisément à la Place Victoire sur le Quartier Matongé, là où la vie était rythmée par une nuisance sonore engendrée par une musique à gogo provenant des bistrots aux alentours, des films diffusés dans des salles de cinéma ouvertes par-ci par-là, sans oublier des sapeurs rivalisant dans une sorte de défilé de mode. Ostensiblement, les Congolais avaient exporté leurs valeurs à Lunda Norte, et avec l'ambiance et le business qui y marchaient à merveille, des marchands de vêtements y faisaient de très bonnes affaires.

La gaieté remplissait dès lors le cœur de ce courageux jeune homme. Mais sa joie sera accrue suite à une coïncidence heureuse, lorsqu'en se rendant dans un restaurant fréquenté des creuseurs, plongeurs et divers autres exploitants de diamants de diverses nationalités, où il découvrira que la propriétaire était sa tante maternelle en la personne de Maman Kombe. Ce qui lui facilitera la tâche, car en attendant de connaître les rouages pour se lancer dans son projet de diamants, c'est là qu'il passera son temps. Sa tante en profitera pour le présenter à ses clients dans la perspective de l'encadrer une fois lancé dans son projet.

Et la chance lui souriait, car à chaque fois que celle-ci le présentait à ces clients, ces derniers lui remettaient de l'argent, à telle enseigne qu'Altroto se retrouva avec plus ou moins trois mille dollars américains en poche, et ce, sans avoir commencé à travailler.

Toutefois, il faudra mentionner que cet argent digne de susciter des vertiges ne représentait pas grand-chose compte tenu du coût de la vie dans cette partie de l'Angola. À titre d'exemple, pendant qu'un casier de bière s'achetait dix dollars américains à Kinshasa, il se négociait jusqu'à deux cent cinquante en même monnaie à Lunda Norte. Ainsi, par voie de conséquence, on pouvait y bousiller plus de trois mille *nota*[28] en moins d'une minute sans s'en rendre compte ! Cela fut à mettre sur le compte d'une manifestation d'amour que la bienheureuse Maman Kombe avait témoigné à l'égard de son cher neveu.

Malheureusement les êtres les plus chers nous quittent vite, comme l'avait déploré Nyoka Longo dans la chanson *Étape*, cette inoubliable bienfaitrice succombera suite à une crise de diabète bien plus tard après le départ d'Altroto. Le manque de contrôle du taux de glucose dans son sang, de

---

[28] Jargon Kinois se rapportant aux billets verts.

régime alimentaire approprié et d'insuline à administrer quotidiennement, à y ajouter une exposition constante au feu de cuisson dans son restaurant, auraient certainement précipité sa mort qui, pour ce nouveau *Mwana Lunda*, restera de toute évidence la page la plus noire de son aventure sur cette terre Angolaise.

Dans l'intervalle, le diamant coulait à flots à Kisweyi, autant que coulait la bière sous un fond musical entraînant dans la danse des femmes qui apportaient une note particulière à l'ambiance et prélevaient en même temps leur tribut en billets verts. Ce qui faisait que certains jeunes Congolais, après avoir vendu leurs diamants, perdaient et de l'argent et leurs énergies dans la débauche, oubliant de surcroît l'objectif poursuivi en venant à Lunda.

Paraphrasant Félix Wazekwa qui dans ses *Petits bonbons de la Sagesse,* déclare que le mensonge du succès [ou de la réussite] consiste à faire croire que c'est pour toute la vie, le fait de brasser autant d'argent avait fini par lui prendre la tête. C'était complètement époustouflant de réaliser que des montants comme cinq mille dollars américains, voire quinze mille ou plus, se ramassaient facilement, juste en se courbant pour tamiser une motte de *mutshanga*[29] au bord d'une rivière ; et que quand on visait quinze milles on gagnait trente mille, puis soixante milles vous ouvrait les bras, et ainsi de suite. Cela enivrait tellement qu'on le dépensait aussitôt sur les filles jusqu'à ce qu'on se réveille un jour les poches complètement vides.

Dès lors, la vie étant un truc assez compliqué, il arrive qu'au moment où l'on devient complètement fauché, la chance qui jadis vous souriait vous tourne carrément le dos de manière à ce que même les plus petites pierres deviennent difficiles, voire impossibles, à trouver.

« Les vrais paradis sont les paradis qu'on a perdus », comme avait écrit Marcel Proust dans *le temps retrouvé*, maintenant que l'épopée s'est achevée et que le cours du diamant a chuté, beaucoup de ceux qui s'étaient perdus dans

---

[29] Du sable particulier où se loge le diamant.

l'ivresse de ces dollars américains qui coulaient à flots ne vivent plus que dans la nostalgie de ces moments forts où des liasses de billets de banque les accompagnaient dans toutes leurs sorties branchées.

Bon, cela ne se constate qu'une fois la partie finie. On était encore à cette époque-là où, sur les rives en fête de ces cours d'eau, le diamant jaillissait à profusion, l'argent arrosait la boisson, les femmes s'invitaient au bal, et la prostitution les suivait au pas, jusqu'à ce que la banqueroute ou les maladies viennent arrêter la musique. Et à force de baigner dans ce tourbillon, on en ressortait soit démuni soit terrassé par la maladie. Alors on rentrait à la maison avec un pied déjà descendu dans la tombe. Seul un tout petit nombre s'estimait chanceux d'avoir échappé à ce piège en retournant au pays les poches bourrées de quoi y monter un projet.

Altroto n'échappera pas non plus à ce champ magnétique puissant et attirant. Dans un premier temps, il s'adonnera à ce terrible jeu. Mais très vite, et fort heureusement pour lui, il se rendra compte qu'il était en train de dévier de son objectif, qu'il devait se ressaisir pour rectifier le tir.

Et ça valait mieux pour lui puisqu'après quelque temps, la carrière de Kisweyi ne produisait plus assez de diamants et il se joindra par conséquent à plusieurs autres creuseurs qui l'abandonneront pour migrer vers Weji, toujours dans la Province de Lunda Norte, où comme à Kisweyi il travaillera comme *montiste* dans un groupe des plongeurs. Cela dit, dans ce travail en équipe, sa tâche consistait à tirer les sacs de *mutshanga* remontés par les plongeurs afin de les tamiser. Et c'est là qu'il trouvera l'occasion de revenir à Kinshasa, suite à une trouvaille qui fera leur bonheur.

C'était un jour de dur labeur comme les autres. Mais celui-là marqua la différence avec les autres dès l'instant où un plongeur sortait un sac de *mutshanga* qu'il lui passa afin de le remonter à la surface. Puis après l'avoir passé au tamis, un diamant de quarante carats brillera de tout son éclat sous leurs regards incrédules. Signalons qu'extraire un diamant d'un carat relève déjà d'un exploit, mais en dégotter un aussi grand que celui de quarante carats, ce fut tellement beau qu'ils crurent se tromper. Pourtant c'était vrai.

Du coup, les cinq membres de ce groupe arrêtèrent de travailler au milieu de la journée. L'heure avait sonné pour rentrer à Kinshasa afin de le vendre. C'est ainsi qu'en 1994, une année après son départ, il décidera de refouler le sol de la capitale en compagnie de ses heureux associés.

****

En planifiant de rentrer à Kin-la-Belle, ils voyaient une montagne de dollars américains remplir déjà leurs poches. Cependant, cet argent n'était encore que virtuel, car dans cet univers plein de déconvenues qu'était Lunda Norte, trouver du diamant était une chose, mais sortir avec en était une autre. Et ils en étaient conscients puisqu'au *post avançado* où il leur avait été annoncé le code de conduite à respecter dans ce fabuleux pays, un des articles stipulait clairement que le diamant appartenait à l'État, dans le cas d'espèce à l'UNITA qui contrôlait cette Province, et que c'était une infraction grave que d'essayer de le faire sortir frauduleusement.

C'est ainsi que dans leur approche visant à récupérer toutes ces pierres qui sortaient du territoire sous leur contrôle, les éléments de l'UNITA avaient mis en place un système de fouille systématique allant jusqu'à purger les candidats à la sortie ou à leur faire ingurgiter un laxatif accélérant la digestion, pendant qu'ils étaient retenus au poste de contrôle jusqu'à ce qu'une forte diarrhée leur fasse évacuer tout le contenu de leurs tubes digestifs dans un pot, au vu et au su de tout le monde, après quoi ils passaient à la vérification de ces matières fécales. S'ils ne trouvaient aucune pierre dedans, on laissait passer la personne concernée. Par contre s'ils y trouvaient le moindre diamant, le coupable encourait un châtiment pouvant aller jusqu'à la mort. De toute façon, les tortures à subir produisaient des séquelles évidentes et durables.

Compte tenu de tous ces dangers, il fallait monter un bon plan afin de réduire au maximum les risques de connaître un tel sort. C'est ainsi qu'ils suivront des pistes dignes d'*undergrounds* qu'empruntaient les esclaves d'Amérique qui les amèneront à Kahemba. De là, ils prendront la route pour atteindre Kikwit. Puis ils rejoindront Kinshasa par camion.

Finalement c'est vers dix-neuf heures qu'ils arriveront à Pascal, du côté de la Commune de Masina où se tenait un grand parking qu'Altroto connaissait bien pour y avoir grandi. Et là encore, comme tout le monde se méfiait de tout le monde, ils se convinrent de passer tous ensemble la nuit au même endroit : dans un hôtel se trouvant juste à côté du parking.

Entre-temps, il fallait récupérer le diamant caché dans le ventre de celui qui l'avait ingéré et qui ne maîtrisait pas la ville de Kinshasa, car natif de Kikwit. Et en attendant la sortie du diamant, tout le monde veillait, tenant à l'œil les autres membres du groupe en suivant chacun de leurs mouvements. Tout naturellement, le porteur du trésor était l'objet de toutes les attentions et on le marquait à la culotte à la manière d'un défenseur surveillant l'attaquant de l'équipe adverse à qui on ne laisse pas d'espace libre. On craignait simplement qu'il disparût avec le diamant dans son ventre.

« L'intérêt rassemble les hommes, il ne les unit pas. » Ce sujet de dissertation que Parole LP Mbengama avait l'habitude de soumettre à ses élèves du temps où il était enseignant-cadre avec cette épreuve de cache-cache où l'unité de profit trahissait la diversité d'ambitions.

Heureusement pour eux, la précieuse pierre qui ne s'était pas coincée dans les entrailles du jeune homme sortira facilement après la prise d'un laxatif. Et au bout du petit matin, Altroto et le porteur du diamant régurgité seront désignés par les autres membres du groupe pour aller chercher deux militaires devant assurer leur sécurité, car ils craignaient qu'il leur arrivât quelque chose d'imprévu.

Toutefois cela n'arrêtera pas la guéguerre à peine voilée entre ces amis de circonstance, car la méfiance restant de mise, les trois autres restés à l'hôtel allèrent eux aussi trouver leurs militaires. Ils craignaient simplement que ces deux émissaires arrivassent à les dribler. Cela pouvait se justifier, du fait que nous étions en 1994, moment où, après les pillages de 1991 et de 1993, régnait une insécurité dans la ville, au point que des militaires ou des personnes véreuses pouvaient bien s'improviser dans le deal pour exiger leur part, bien que n'en connaissant ni la tête ni la queue.

Finalement les choses se déroulant sans couac, ils seront recommandés à un sujet libanais prénommé Souleymane qui travaillait aux Galeries Présidentielles dans la commune de la Gombe à Kinshasa. À l'issu d'une juteuse transaction, celui-ci achètera ce diamant à deux cents mille dollars américains, somme qu'ils se répartiront à parts égales. C'est-à-dire quarante mille par personne.

C'est ainsi qu'avec la part lui revenant, la plus colossale somme d'argent jamais touchée de sa vie, Altroto se laissera envahir par une certaine folie l'amenant à oublier tous les sacrifices et peines endurés pour avoir cette fortune. Et pour célébrer sa réussite, il fera des cadeaux à tous les membres de sa famille. Il s'achètera aussi une *Mercedes 200* qui faisait fureur à cette époque de la génération Wenge Musica. En sus, puisqu'il adorait la SAPE, il sautera sur l'occasion pour remplir sa garde-robe en habits et chaussures de grande marque. Il était enfin de retour au pays. Avec un bon paquet d'argent, il croquait la vie à pleines dents, réalisant ainsi ce rêve exprimé dans cette chanson de JB Mpiana.

Cependant puisqu'il semblait avoir oublié que dans un autre refrain le même artiste conseillait que : « *mbongo ya pasi, koliya na ekenge*[30] », sa folie entamée avec des cadeaux offerts les yeux fermés à tout le monde et complétée par une prise sans modération de la boisson précipitera sa faillite. Au bout d'un laps de temps, il se retrouva avec les poches à nouveau vides.

La fête était donc finie. Il ne lui restait d'autres passions que celle de retourner d'où il était venu. Il était temps de revendre ce qu'il avait acheté. C'est ainsi que sa voiture acquise à vingt mille dollars américains sera revendue à quinze mille. Heureusement pour lui, il avait entre-temps acheté quelques marchandises, précisément des vêtements, avec lesquelles il allait repartir pour Lunda.

---

[30] L'argent gagné difficilement mérite d'être géré sagement.

Et comme s'il fuyait la honte ou la misère d'antan, il se tira vite fait de Kinshasa. Cette fois-ci, il ne partira pas seul. C'est avec un ami du quartier prénommé Charles, un garçon un peu plus âgé et appartenant à la tribu des Batetela comme lui et dont les parents le considérait comme membres de sa famille. Ils supplièrent Altroto d'emmener leur fils en Angola. Il reprendra la route, en passant cette fois-ci par Tembo avant d'entrer en Angola via le *poste avançado* de Kawungula.

6. Lunda Phase 2 : La seconde chance

Si la vie était chantée, elle emprunterait ses paroles au poète Lutumba Ndomanueno alias Simaro Masiya qui, dans sa chanson *Affaire Kitikwala*, déclara qu'ici-bas l'existence s'apparentait à un voyage en bateau dont à chaque escale, en montée comme en descente, il y en a qui débarquaient pendant que d'autres embarquaient. Comme les jours se succèdent sans pour autant se ressembler, de même chaque voyage recèle ses particularités qui le rendent différent des autres, du fait qu'on l'entreprend aux côtés des personnes qu'on croise dans son parcours avec lesquelles on chemine ensemble pendant un moment et qui descendent à leurs ports ou arrêts sans espoir d'être jamais revues, pendant qu'on poursuit sa route avec d'autres qui nous rejoignent et nous quittent à un moment ou à un autre.

Cela se vérifiait avec notre ami Altroto dont les navettes entre Kinshasa et Lunda se ressemblaient dans la forme. Il quittait la RDC quasi démunie dans l'espoir de braver les obstacles à Lunda où il comptait tirer quelques profits. Mais dans le fond, à l'aller ou au retour, il empruntait des itinéraires différents, cheminait avec des gens nouveaux de qui ils se séparaient dès qu'une étape était finie, puis il en rencontrait d'autres, et ainsi de suite.

Son premier voyage Kinshasa-Lunda-Kinshasa se fit en compagnie des gens dont il tourna la page après que leur intérêt commun arrivait à terme. Puis, il fallait repartir, tout en changeant de compagnons, mais aussi d'itinéraire. C'est ainsi qu'à son arrivée au *post avançado*, il ne vendra plus de chenilles, mais ouvrira cette fois-ci un magasin de vêtements ramenés de Kinshasa. Une autre rencontre dans sa vie sera celle d'une certaine Henriette, une jeune femme ressortissante de la Commune de Kintambo qu'il connut sur place et avec qui il entama un amour sans précédent et plein de rebondissements.

Entre-temps, son commerce prospérait à tel point que les militaires de l'UNITA commençaient à lui donner de l'argent afin qu'il leur achetât certains articles souhaités. Ce qui fit qu'à deux reprises, il retournât en RDC — une fois à Kinshasa et une autre à Tembo — pour des raisons de ce business assez juteux.

Autre temps autre mentor, il fera la connaissance d'un chef de l'UNITA, un certain Capitaine Norton de la Ville de Huambo (promu major par la suite) qui lui suggéra de se lancer dans le commerce de vaches, non sans lui garantir une protection pour ce qui concernait le *guía*. Pour ce faire, il s'arrangeait à lui produire un document à brandir dans chaque poste de police, le présentant comme un livreur des vaches aux garnisons basées à la carrière, alors qu'en réalité il ne s'agissait que d'un business privé dont le produit de vente servirait à acheter des diamants.

C'est ainsi qu'il se rendit à Kikwit pour y recruter vingt jeunes trouvés sur la place publique, les uns étant anciens riches ayant fait faillite, d'autres servant comme domestiques, mais tous rêvant sans succès de se rendre dans l'une des carrières de Lunda à cause des contraintes sécuritaires et des barrières sur les routes. Ils y virent une aubaine à telle enseigne qu'ils acceptèrent de le suivre sans être payés. N'espérant pour seule récompense que leur entrée gratuite dans cet eldorado où ils espéraient faire fortune, ils iront jusqu'à supporter avec leur propre argent leur restauration tout au long du parcours.

Puis une fois le marché conclu, ces jeunes se mettront à son service en convoyant quinze vaches, les unes achetées au *post avançado* au cours de deux semaines de préparation et les autres acquises dans les villages situés sur le tracé de leur progression, dans une espèce de transhumance où ces cow-boys affranchis de *guía* se nourriront bien attendu avec leur propre argent.

Toutefois, la tâche ne sera pas facile, car il fallait parcourir des kilomètres et des kilomètres jusqu'à Lunda Norte. Mais comme ils étaient préparés à affronter toutes les difficultés, aucune peine ne leur fut insurmontable. Notons aussi qu'à chaque vache, il a été attribué un numéro d'identification gravé sur son corps et qui était repris dans le laissez-passer. C'est ainsi que, dotés d'un tel sauf-conduit, ils quittèrent le *post avançado*. Au bout de quelques jours, ils atteignirent la ville de Loremo, puis traversèrent la rivière Kwango pour arriver à Muana Mawango.

Signalons que pendant la période de crue, cette rivière faisait des dégâts en tuant les passants. En revanche, il était possible de ramasser des diamants de grands carats que charriaient ces mêmes eaux débordant de leur lit.

Une nuit pendant que toute l'équipe se reposait en dormant, les vaches qui étaient mal attachées s'enfuirent dans la forêt. En se réveillant le matin, ils le constatèrent et prirent panique. Heureusement qu'il avait abondamment plu avant qu'ils ne s'endormissent. Ce qui joua en leur faveur, du fait que ça rendait la forêt boueuse et qu'en se déplaçant, les vaches laissaient les traces de leurs sabots sur le sol. Et par conséquent ils les retrouvèrent toutes.

« L'erreur est humaine, mais persévérer dans l'erreur est démoniaque », comme l'atteste un proverbe latin, il s'imposait de prendre des mesures conséquentes afin que cela ne se reproduisît pas. Malheureusement, ces pâtres n'en tireront aucune leçon, et la même chose se reproduira quelques instants plus tard, à leur arriver à destination vers dix-neuf heures. Là-bas, pendant qu'ils se rendormaient, les vaches s'échapperont de nouveau pour des destinations inconnues, tout en laissant comme précédemment des traces renseignant sur leur villégiature.

Et en se lançant de nouveau à leur recherche, ces empreintes les emmenèrent dans la résidence d'un Général d'Armée de l'UNITA, le Général Caniala. Cependant s'ils eurent assez de réussite la première fois, cette fois-ci les choses se compliquèrent ; du fait que malgré qu'il lui ait présenté le laissez-passer reprenant les numéros et le nombre de vaches, une preuve éloquente que les vaches appartenaient à Altroto, le Général clama haut et fort que celles-ci lui appartenaient, car autrement elles ne se retrouveraient pas dans son enclos. D'ailleurs il ne voulait même pas entendre parler de ce laissez-passer qui à ses yeux ne constituait qu'une magouille. Enfin allant jusqu'à proférer des menaces de mort contre lui, il se disait clairement en droit de les saisir.

Finalement après avoir entendu les conseils des habitants de la ville, particulièrement celui d'un capitaine qui voulait l'aider à récupérer ses vaches, Altroto jettera l'éponge. La raison du plus fort étant toujours la meilleure, au cas où il aurait oublié cette cruelle observation de La Fontaine, il y avait trouvé l'occasion de l'expérimenter. Bien entendu, cela se fit à ses dépens, puisque la mésaventure signait son premier échec dans cette nouvelle expédition que l'on pouvait appeler Lunda II.

Ainsi donc, cette mésaventure signait son premier échec dans cette nouvelle ruée vers la fortune que l'on pourra appeler Lunda II. Il n'y avait pas perdu que quinze vaches, mais surtout une semaine de marche émaillée d'intenses souffrances durant laquelle ils furent astreints à ne manger que du fufu, des poissons salés et des chenilles fumées, qui leur causèrent des hémorroïdes. À y ajouter le fait que les vingt jeunes de Kikwit ayant rempli leur contrat qui consistait à convoyer les vaches jusqu'en Angola s'en allèrent en le laissant seul face à son désarroi, sa désolation ne pouvait qu'être multipliée.

En bref, il avait tout perdu : espoir et moyens financiers. Ce qui le rendra malade quelques jours plus tard, avec l'éruption de petites ampoules et bulles remplies d'eau et regroupées en plusieurs anneaux partout au corps, surtout dans les plis de certaines parties de son corps. C'était douloureux, avec une puanteur répugnante, gâtant terriblement la qualité de sa vie au point d'amener les gens de son entourage à le fuir. Il était si désespéré qu'il perdit tout espoir de vivre et se mit à attendre sa mort.

Un jour qu'il alla se laver à la rivière Kwango, un liquide nauséabond coulait de ses plaies au point que le moindre jet d'eau sur le corps lui infligeait une douleur comparable à une injection au paracétamol (appelé aussi acétaminophène) qu'il dut y renoncer. Et en rentrant langoureusement à la maison, son moral descendu au plus bas lui donnait la ferme conviction que c'en était fini de sa vie.

Mais rien ne finit dans la vie avant qu'il ne finisse véritablement. Il le comprendra quelques instants plus tard lorsqu'en cours de route, il fit une rencontre assez inattendue. Quelqu'un se pointa devant lui en déployant les bras pour l'étreindre. Et avant qu'il n'eût le temps de le dévisager pour savoir qui il était, il mit les deux mains en avant-garde, la bouche murmurant une voix moribonde pour le supplier de ne pas lui faire mal par ce geste à cause de ses plaies purulentes dans le corps.

- Oh, que c'est grave ! s'exclama l'intrus compatissant.

– Oui, j'en souffre terriblement, répondit-il de sa voix faible.

Puis en levant les yeux pour voir la personne à qui il parlait, il découvrit qu'il s'agissait d'un ami de son beau frère — le mari de sa sœur Marie Edjo Powa — nommé Kamasatua. Médecin de son état, il avait comme lui quitté Kinshasa à la recherche d'une vie meilleure à Katshinga où, à cause du manque cruel de centres hospitaliers, beaucoup de gens mourraient faute de soins appropriés. C'est ainsi que suite à cette doléance, le docteur Kamasatua lui demandera d'ouvrir sa chemise afin de s'enquérir de son état de santé. Puis une fois le diagnostic établit, il le convia d'aller l'attendre dans son habitation, le temps qu'il se baigne dans la rivière et qu'il revînt s'occuper de lui.

À son retour, il le déshabilla pour constater l'ampleur de son mal. Par la suite, il lui administra un traitement de choc consistant en des injections visant à calmer ses douleurs causées par des plaies suintant sur tout son corps. Il en avait pour une semaine de piqûre.

Pendant ce temps, il l'interna chez lui, car avec cette histoire de vaches, Altroto avait tout perdu et n'avait plus rien. Mais déjà au troisième jour, le malade se sentait de mieux en mieux. Ses plaies séchaient progressivement et l'espoir regagnait du terrain. Dix jours après l'administration de la première injection, les bulles s'éclataient. Il lui appliquera alors une pommade ayant les vertus de faire disparaître les taches. Et enfin, au bout de quelques semaines, il était complètement guéri.

Dès lors, informé que sa copine Henriette se trouvait à Loremo, une ville non loin de Kwango où elle s'était installée bien avant son arrivée dans le coin, Altroto se résolut de l'y rejoindre pour demander de l'argent devant lui permettre de retourner au *post avançado* pour liquider son magasin d'habillement. Arrivée sur place, celle-ci qui attendait famille lui remettra cinq cents dollars américains avec lesquels il acheta son titre de voyage et les viatiques.

Cependant grande sera sa désillusion lorsqu'en arrivant au *post avançado*, il trouvera son magasin en faillite. Son ami Charles à qui il avait confié la gestion de ce business ne s'était préoccupé qu'à se marier en dilapidant tout le capital qu'il ne restait que deux valises d'habillement alors qu'il lui avait laissé un magasin rempli de marchandises en partant. C'était là, son deuxième revers dans cette nouvelle aventure sur cette terre Angolaise.

Cela l'avait tellement irrité qu'il envisagea de le faire arrêter par les militaires de l'UNITA, mais les liens qu'entretenaient leurs familles à Kinshasa l'en dissuadèrent qu'il mit en sourdine sa colère, se disant finalement que les gens restés au pays ne comprendraient jamais ce qui s'était passé. Il le condamnerait au nom de cette familiarité africaine qui préconise de laver les linges sales en famille et non de recourir aux instances étatiques.

C'est ainsi qu'ayant désormais les mains vides, il décida de s'en aller de ce *post avançado* où il n'avait plus rien à faire. Avec son *guía* délivré par les militaires de l'Unita et qu'il gardait sur soi, il retourna à Loremo auprès de sa copine Henriette. Pendant deux mois, la vie en couple se passera comme au paradis. La grossesse que celle-ci portait évoluait sans problème.

Toutefois devant les difficultés de la vie à Loremo liées à la faillite d'Altroto qui n'avait plus de revenu, Henriette se rendra à Domingos Vaz à la recherche d'un business pouvant aider le couple à survivre. Dès lors, resté à Loremo pour quelque temps, Altroto rejoindra lui aussi Domingo Vaz où, malgré qu'il se remît à travailler dans une carrière, ne trouvait malheureusement que de petits diamants de faible valeur. Ce qui ne leur permettait que de survivre.

Par la suite, n'arrivant absolument pas à faire fortune avec des prises aussi médiocres, il migrera alors vers la carrière de Kiambamba où la chance lui sourira un jour avec l'extraction d'un diamant de douze carats ayant sur place une valeur marchande de vingt mille dollars.

Ouvrons une parenthèse à ce niveau pour expliquer que dans cet univers, la valeur d'un diamant dépendait de l'endroit où il était vendu. Si à la carrière les risques de le perdre étaient quasiment nuls, les acquéreurs l'achetaient néanmoins à vil prix et les creuseurs préféraient aller le vendre, à leurs risques et périls, dans les grands centres urbains angolais ou dans les cités frontalières de la RDC où ils pouvaient en tirer le double, voire le triple du profit. Mais la plus grande affaire se réalisait à Kinshasa où une pierre pouvait se vendre dix fois plus cher que ce qu'elle aurait rapporté dans les carrières angolaises.

Donc plus un diamant s'éloignait de la carrière, plus s'accroissait le risque de le perdre dans les check-point en Angola comme en RDC, et mieux il rapportait. Voilà pourquoi le jeu en valait la chandelle et que d'aucuns, sachant qu'en voulant trop gagner on risque de tout perdre, s'adonnaient à ce quitte ou double qui, par chance, procurait le sourire qui efface toutes peines.

C'est ainsi que deux semaines après, par souci de le vendre aux enchères, Altroto retourna à Domingo Vaz où il fera d'une pierre deux coups : d'abord il vendra le diamant à vingt-sept mille dollars américains , ensuite il retrouvera sa chère Henriette qui logiquement devait déjà accoucher, étant donné qu'en partant elle en était à son septième mois de grossesse et que son séjour à Kiambamba avait duré quelques mois. Un autre indice motivant sa joie : Henriette avait à son retour le ventre plat à signifier qu'elle avait accouché.

Malheureusement, cette histoire dont il attendait un coup d'éclat se transformera en coup dur pour cet infortuné à qui les déconvenues n'épargnaient rien. Cet enfant qu'il espérait embrasser chaleureusement en l'enveloppant de deux cent soixante-dix billets de cent dollars américains en guise de couverture n'existait plus à cause d'une histoire complètement drôle.

En effet, dès le début de leur relation, Henriette lui avait parlé d'un mariage contracté avec un Angolais qui lui avait même donné vingt-cinq mille dollars américains destinés à l'achat des diamants en Angola. Par la suite, ils resteront sans contact pendant des années. Mais voilà que finalement, après qu'elle perdît tout espoir de le revoir et qu'elle tombât enceinte d'un autre homme, celui-là réapparut. Ainsi donc, furieux de la retrouver dans cet état, il la tabassa jusqu'à entraîner l'accident conduisant à un avortement forcé.

Altroto s'en trouva à la fois irrité et déçu. Il aurait voulu régler son compte à ce mari jaloux qui avait quand même tué son enfant, mais qu'allait faire un *Zairense* face à un Angolais faisant ce qu'il voulait sur sa propre terre, surtout lorsque ce dernier clamait haut et fort que cette Henriette-là lui appartenait ? Les choses étaient donc claires. Quel que fût le grand amour qui les liait, malgré que ce gars-là se fut rendu coupable des coups et blessures ayant causé mort d'homme, il n'avait aucune chance de l'emporter en essayant de le défier. Ça lui serait plutôt fatal. Par conséquent, il ne dut que faire le deuil de son enfant tout en comptabilisant ce drame comme le troisième échec dans sa nouvelle expédition à Lunda.

Néanmoins, ils avaient repris leur vie d'ensemble avec Henriette qui ne voulait plus de cet autochtone. Mais cela ne sera pas sans conséquence puisque quelques jours plus tard, pendant qu'il prenait un verre dans une terrasse avec une amie d'Henriette, le mari de celle-ci reviendra à la charge. Cette fois-là, il était accompagné d'un groupe de civiles mêlées à des militaires à qui il donnait des ordres. Puis dès qu'ils s'en saisirent, sans aucune forme de procès, ils le battirent à mort en lui infligeant d'énormes dégâts corporels. Il était complètement défiguré. Et malgré qu'il fût dans un piteux état au point de sentir ses jours en danger, ses agresseurs le conduiront dans le poste de police le plus proche. Il sera jeté au cachot sans qu'on ne lui dise la raison de son arrestation.

Mais au fond de lui-même, il ne se doutait ni du motif de son arrestation ni du sort qui lui était réservé. Et il tremblait comme une feuille morte, totalement convaincu que ce qu'on lui avait fait subir n'était rien comparé à ce qui l'attendait. Il savait qu'on allait tout lui prendre, y compris sa vie. C'est ainsi, puisqu'il lui était impossible de sauver sa vie, il chercha un moyen pour sauver ne serait-ce que ce qui pouvait encore l'être. C'est ainsi que pendant qu'on l'amenait au poste, il glissera secrètement à Henriette les vingt-cinq mille dollars qu'il avait en poche, l'argent provenant de la vente de son diamant, en lui demandant de les garder, de peur qu'en le fouillant on les découvrît et le lui ravît sans le moindre scrupule.

Pourtant, Henriette ne voulut les prendre, car en étant elle aussi en quasi-état d'arrestation, elle savait qu'on finirait par la fouiller. Mais Altroto n'ayant aucune confiance en l'amie d'Henriette qui risquait de disparaître avec, maintiendra son option en glissant contre son gré le sac du magot à celle qui devenait pratiquement sa femme. Toutefois Henriette faisant confiance à son amie, quoiqu'Altroto ne le faisait pas, le transféra avec la même rapidité entre les mains de son amie.

Ce ne serait qu'une fois au cachot qu'Altroto se verra signifier son chef d'inculpation : adultère. Et après avoir subi un interrogatoire somme toute musclé, il sera mis en garde à vue et passera ainsi la nuit dans une prison comparable à celle qu'on voyait dans les films de guerre du Viêt Nam à Hanoi. C'est-à-dire une cellule obscure et fétide, sans ventilation, et n'ayant qu'un trou couvert par des troncs d'arbre. Quand il pleuvait, l'eau passait par le trou et l'inondait.

Le jour suivant, il passera à la barre où, fournissant ses moyens de défense, il soutiendra ce qu'Henriette lui avait dit dès le début : cela faisait des années qu'ils n'étaient plus ensemble ; d'où, elle était libre, même si en se séparant l'homme lui avait remis vingt-cinq mille dollars comme fonds de commerce. Toutefois cela ne réussira pas à convaincre les jurés qui, à l'issue de ce procès quelque peu expéditif, il sera contraint de passer une autre nuit en prison, en attendant de connaître les griefs retenus contre lui, ainsi que la peine à subir. Quant à Henriette, elle sera libérée avec l'ordre de repartir avec son mari angolais.

Mais au bout du petit matin, Henriette reviendra avec son mari pour demander sa libération. Elle avait fini par convaincre celui-ci qu'Altroto n'était que son frère. Ce qui fit que, désolé pour avoir fait tabasser son beau-frère, il lui présentera ses excuses en avouant avoir été induit en erreur par son entourage. Altroto sera libéré grâce à ce plaidoyer basé sur un mensonge.

Cependant à propos de sa fortune, ça sera une autre saga à vivre, car en allant la récupérer chez cette amie qui logiquement n'avait pas été inquiétée, celle-ci reconnaîtra n'avoir reçu que cinq mille dollars américains. Ce qui, naturellement, mettra l'ex-prisonnier dans tous ses états. Il la tint par les mains et voulut même la rosser, mais il dut se retenir aussitôt. Il avait déjà assez de démêlées avec la justice qu'il ne trouvait pas intéressant d'y retourner avec cette nouvelle affaire. D'ailleurs cette fausse amie en profitait pour exercer sur lui du chantage, prévenant qu'en cas d'insistance elle irait tout balancer à la police et au mari d'Henriette en leur disant qu'Altroto n'était pas le frère d'Henriette, mais son amant.

Finalement, elle exécutera ces menaces en allant l'accuser cette fois-ci auprès des militaires de l'UNITA. Et Altroto sera de nouveau arrêté. Cette fois-ci, l'intervention d'Henriette ne portera aucun fruit, vu que son amie avait suffisamment réuni de monde pour l'attester. L'infraction était donc consommée ! Et comme à Lunda l'emprisonnement simple ne suffisait pas, on y ajouta une autre sanction connue de tous : la chicotte ou le *kandabar*. Une fessée tant redoutée à cause de ses dégâts pouvant occasionner de graves handicaps, voire la mort de la personne qui la reçoit. Une fessée que la loi locale lui accordait le droit de racheter au prix de cent dollars le coup. Et comme il avait été condamné à en recevoir cinquante, il devait débourser cinq milles afin de n'en recevoir aucun. Le comble fut que c'était tout ce qu'il avait comme argent, mais il n'avait pas le choix. Autant tout perdre et garder la vie sauve que faire le contraire.

Il ne lui restait qu'une peine d'emprisonnement simple qu'il purgea pendant quelque temps avant qu'on le libérât. Il était en outre sommé de quitter la ville où il risquait de disparaître pour toujours si les militaires le rencontraient de nouveau. Et en quittant Domingo Vaz pour rentrer à Kiambamba, il enregistrait son quatrième échec dans cette nouvelle aventure en terre Lunda qui était personnalisé par la double perte d'Henriette et son cortège de problèmes, ainsi que de vingt-cinq mille dollars américains.

Ainsi allait sa vie piégée par la damnation. Néanmoins tout ne lui avait pas été que noir dans cet enfer où à côté de plusieurs portes qu'on lui fermait au nez, quelques-unes s'ouvraient tout de même de façon à l'aider à rebondir. C'est ainsi qu'en apprenant tout ce qui lui était arrivé, ses proches de Kiambamba l'aidèrent à reprendre son travail de tamiseur à la carrière.

Mais l'histoire est réputée être un éternel recommencement. Deux ans plus tard, pendant qu'il se reposait dans sa tente au camp de la carrière de Kiambamba, il vit entrer Henriette fuyant Domingo Vaz. Dès qu'elle l'avait aperçu, elle courut se jeter sur ses pieds pour implorer son pardon, insistant qu'Altroto était son mari et pas l'Angolais. De prime abord, Altroto en était bouleversé. Il se demandait ce que lui voulait cette femme à cause de qui il avait quand même été jeté en prison. Mais après un long moment de débats et d'échanges, il finira par céder. Leur amour avait pour ainsi dire repris son cours.

Henriette le supplia par la suite de quitter ce camp où les conditions n'étaient pas bonnes pour la survie. La vie à deux reprit de plus belle. Pourtant rien n'était fini dans cette affaire, car entre-temps, l'Angolais qui venait de purger lui aussi une semaine d'emprisonnement recherchait sa femme qui en avait profité pour s'enfuir auprès de son amant. Il la retrouvera ultérieurement. Mais ivre d'amour pour le Kinois, Henriette refusera de repartir avec lui, affichant ainsi clairement son choix de rester avec Altroto. Finalement après échanges et débats, l'Angolais lâcha et s'en alla bredouille.

Ils avaient enregistré une victoire somme toute considérable. Mais la vie à deux nécessitait des moyens conséquents. Cependant Altroto n'avait plus assez de moyens pour assumer son rôle de mari. C'est ainsi que pour y parvenir, il eut un jour la malheureuse idée de se joindre à quelques Congolais pour soustraire un diamant de grande valeur appartenant à l'État.

L'œuvre sera couronnée d'échec et les militaires de l'UNITA les prendront la main dans le sac. Comme sanction, chacun devait recevoir une fessée de deux cent cinquante fouets consistant en un tronc d'arbre ou encore le dos d'une pelle. En plus, ils devaient être chassés du camp. Ainsi, couché par terre et tenu par trois militaires, il sera copieusement fouetté. Il avait crié et pleuré en citant les noms de tous les membres de sa famille, les vivants comme les morts, mais le supplice perdura jusqu'à ce que sa voix s'éteignit. Par ailleurs, il avait tellement perdu de sa force qu'il ne résistait plus à ses bourreaux.

Cette flagellation constituait un déshonneur, une humiliation, une correction dégradante aux vues de tout le monde, Congolais, Angolais et autre. Elle avait surtout un effet dissuasif en ce qu'elle servait d'exemple à tous ceux qui y assistaient. Avec plusieurs décès que cela occasionnait, nombre d'initiatives de ce genre étaient étouffées dans l'œuf. Quoi qu'il en soit, ceux qui n'en mouraient pas s'en tiraient avec de graves problèmes de santé.

Altroto en gardera pendant longtemps les traces. La peau des fesses était fortement mutilée et la masse musculo-cutané contusionnée. En plus des conséquences pathologiques inhérentes, il restera immobilisé pendant plusieurs semaines pour suivre un traitement fait sur base d'une liqueur forte. Et pour faciliter la guérison et la cicatrisation, il sera réduit à ne porter que le pagne en lieu et place du pantalon. Les conséquences éduquant mieux que les conseils, cette torture lui avait enseigné une grande notion de sagesse qu'il avait juré de ne plus jamais recommencer. De toute façon, il venait d'enregistrer, par cette déconfiture, le cinquième échec de son aventure angolaise dans sa phase Lunda II.

Quelque temps après, Henriette tombait de nouveau enceinte. Cela devait être une belle consolation après un enchevêtrement de mauvaises fortunes, mais on était à Lunda, là où rien n'était assuré d'être bon jusqu'à la fin. D'abord, il n'y avait pas de centre de consultation prénatale pour suivre la grossesse et prévenir d'éventuelles complications en vue d'un bon accouchement. Il fallait se débrouiller avec les moyens quasi ancestraux.

Pour Altroto, cela n'était que le cadet de ses soucis, au regard de l'interminable jeu de cache-cache qui reprenait son cours. Une nuit, vers deux heures du matin, le mari d'Henriette qui était un militaire angolais revenait à la charge en compagnie de ses inséparables hommes armés. Et comme il était de coutume, sans explication, ils ruèrent Altroto des coups. Ils frappaient tellement fort que l'infortuné réveillait tout le camp avec ses cris, mais personne n'osait intervenir par peur de ces militaires de l'UNITA.

Ensuite, ils l'emmenèrent manu militari dans la maison d'un individu d'ethnie Tchokwé[31]. Puis le lendemain, il sera conduit au Commissariat de Ndjangu : une sorte de palais de justice fait de paillotes en forme ronde de soixante mètres carrés et jouxtant un cachot. Néanmoins dans sa cellule, il réussira à couper les cordes attachant ses mains dans le dos sans pour autant tenter de s'évader.

Le matin, il comparut devant trois juges pour une confrontation avec le mari d'Henriette qui l'accusait d'avoir détourné sa femme à qui il avait donné vingt-cinq mille dollars américains pour qu'il en fît du commerce. Assurant sa propre défense, l'accusé ne nia pas sa liaison, du moins sa vie de couple, avec la femme en question. Seulement qu'il l'avait trouvée sans engagement et ils avaient vécu ainsi jusqu'à ce que le plaignant surgisse pour l'accuser d'adultère.

Finalement avant de rendre le verdict, on convoquera Henriette devant la barre pour donner sa version et opérer solennellement son choix. Et comme à l'accoutumée, elle jettera son dévolu sur Altroto. Mais celui-ci n'en voulait plus. Il en avait tellement marre qu'il déclara à l'attention de toute

---

[31] Une tribu que l'on retrouve de part et d'autre de la frontière congolo-angolaise.

cette assemblée qu'il tenait désormais à vivre dans la paix, que cette histoire ne l'intéressait plus.

Néanmoins, puisque la femme avait exprimé clairement sa volonté, le juge lui offrira l'opportunité de l'avoir définitivement, à condition de rembourser à ce militaire angolais son argent donné à cette dame qui ne voulait plus de lui. Malheureusement le pauvre Altroto ne pouvait même pas saisir cette occasion en or puisqu'il n'avait plus rien en poche. Ainsi, le juge acta sa décision de ne plus vivre avec Henriette et le libera. Le jugement ainsi rendu, Henriette était obligée de repartir avec son mari à Domingo Vaz, quand bien même elle était enceinte d'Altroto. Ce qui fait qu'en effectuant un arrêt sur l'image, on voit son sixième échec en cette terre angolaise occuper le haut de l'affiche.

Cependant, cet échec sera en partie compensé par une nouvelle quelque peu consolatrice quelques semaines plus tard lorsqu'il réalisera qu'il n'était pas l'auteur de cette grossesse. Henriette attendait déjà ce bébé avant qu'ils ne se recroisent. Cela rendait leur séparation moins douloureuse qu'il s'en passait bien.

Toutefois, bien que partie à Domingo Vaz, Henriette tenait toujours à Altroto et multipliait les médiatrices pour cela. L'une d'elles était Maman Dalima : la responsable des femmes de la Communauté congolaise à Lunda. Elle avait beau employé tout son talent à réunir ce couple brisé, mais elle butait sur un « non » que lui affichait Altroto qui, par la suite, déménagera pour Kamawanga pour des raisons de travail.

Entre-temps, ayant constaté l'échec de ses émissaires, Henriette descendit en personne et à deux reprises pour tenter de renouer avec lui, mais Altroto campa sur sa position. Il pouvait supporter de se faire brimer par l'amoureux cocu qu'était son mari, mais il n'acceptait pas que cette femme pour qui il avait enduré toutes les souffrances portât un enfant qui n'était pas le sien. Et c'est ainsi qu'était fini son histoire avec Henriette.

****

En 1992, les élections présidentielles avaient pour mission de mettre fin à ce statu quo qui faisait que le pays restait divisé entre la partie diamantifère tenue par les rebelles et la partie pétrolifère sous le contrôle gouvernemental. Il était en ce moment question de réunifier l'Angola par le biais d'un scrutin censé tourner la page de cette guerre civile déclenchée au lendemain de l'indépendance. Pour ce faire, on commença par la formation d'un gouvernement d'union nationale permettant aux combattants de l'UNITA de fouler pour la première fois le sol de leur très belle capitale. C'était un grand moment d'espoir.

Malheureusement, cet espoir tournera en désillusion lorsque José Eduardo Dos Santos sera déclaré président et que le mouvement de Jonas Savimbi, criant à la tricherie, contestera ces résultats. Par conséquent, exerçant le contrôle de la majeure partie du pays, l'UNITA reprendra le maquis.

À cette époque, l'UNITA exploitait les carrières de diamants qu'elle sécurisait en faisant construire de grands barrages. Le MPLA les attaquera et la guerre reprendra de plus belle. Dès lors, les choses ne seront plus les mêmes pour tous les exploitants de diamant ayant quitté leur pays pour y faire fortune. Les plus touchés seront naturellement les *Zairenses*, ces Congolais de la RDC qui, avec les nouvelles donnes, se verront interdire ce trafic assez fructueux. Les autorités de l'Unita iront jusqu'à les évacuer carrément des carrières afin d'y rester seules à les défendre, de peur qu'ils périssent piégés par les combats qui s'intensifiaient. Ce qui déplairait extrêmement au Président Mobutu qui le soutenait. Et subséquemment, Altroto amorcera aux côtés de ses innombrables compatriotes une très longue marche à pied pour regagner le Congo.

Au cours de ces plusieurs jours de retour d'exil économique, les pieds s'enflaient, les femmes enceintes avortaient, et la nourriture se raréfiait compte tenu du fait que tous les villages qu'ils traversaient étaient habités par des gens versés dans la recherche du diamant au point qu'ils avaient perdu l'habitude de pratiquer l'agriculture vivrière. C'est ainsi que l'égoïsme naquit dans les cœurs et le chacun pour soit devint la norme. En outre, comme il manquait cruellement d'eau potable dans la région, ils buvaient n'importe quelle eau que l'on trouvait dans les rivières et marécages, qu'ils filtraient avec un tissu qui en réalité n'arrêtait ni la saleté ni les microbes, avant de la conserver dans des bouteilles en plastique ayant déjà servi. Résultat : plusieurs personnes mouraient des maladies hydriques.

Pourtant, ces graves problèmes sanitaires n'étaient rien face à d'énormes dégâts économiques que ces expulsés à la va-vite eurent à souffrir en abandonnant leurs avoirs et créances, faute de temps pour les réunir ou les recouvrer. D'ailleurs au cas où on pouvait réunir tous ses biens, il était impossible de les transporter dans ce monde où les moyens de transport modernes se comptaient par les doigts d'une seule main. Rappelons aussi que ceux qui avaient fui avec des bidons d'eau, des pièces de super wax ou d'autres articles avaient fini par les abandonner en cours de route, car avec l'épuisement, ces marchandises devenaient des fardeaux insupportables.

Et dans cette bérézina, l'un des grands perdants sera Hugues Onsens Nsebuir : un expert diamantaire de Loremo qui se souvient encore de ses avoirs, plus de deux cents casiers de boissons abandonnés sur place. Quand on pense qu'un seul casier s'y vendait à deux cents cinquante dollars américains, on se fait une idée de ce qu'il aurait fait de cet argent s'il l'avait empoché. Mais qu'allait-il faire en ce moment où il fallait sauver sa peau ou rien ? Voilà pourquoi, devant le danger, ils firent ce qu'avait conclu la chanson de JB Mpiana : « natiki nyoso naweli nzoto oyo… natiki nyoso naweli bomoyi na ngai kaka…[32] ».

Néanmoins, seuls les porteurs des diamants s'en sortaient avec un peu de réussite. Étant donné que ces pierres précieuses ne pèsent absolument rien, ils les avalaient en vue de les récupérer plus tard. Cependant s'il leur arrivait de mourir en chemin, leurs compagnons les éventraient sans la moindre vergogne pour le récupérer. C'était horrible à voir, mais cela démontrait le degré d'animalité que pouvaient avoir les hommes devant le profit.

---

[32] J'abandonne tout pour sauver mon corps... j'abandonne tout pour sauver ma vie seule...

Entre-temps, ils tombaient dans les embuscades montées par les villageois qui les arrachaient presque tout ce qui restait.

Cela s'était passé en 1996 quand Altroto et les autres Congolais avaient fui la guerre. Leur escapade avait duré douze jours jusqu'à ce qu'ils arrivèrent en République démocratique du Congo par la frontière de Tembo-Kawungula.

N'ayant sur lui qu'un diamant valant mille deux cents dollars américains, il dépensa trois cents de ces billets verts dans la nourriture. Et avec les neuf cents qui lui restaient, il achètera des savons à revendre en détail ; le temps qu'une accalmie s'installe pour retourner en Angola.

Quelques mois plus tard, c'était fait. Les combats entre l'UNITA et le MPLA étaient finis. La paix était revenue, mais les carrières avaient été fermées. L'ère de l'exploitation clandestine du diamant était révolue et ceux qui y rentraient dans la perspective de l'exploiter n'avaient plus que deux choix : quitter les lieux ou embrasser une autre profession. Beaucoup de gens choisiront de quitter définitivement l'Angola pour rentrer au pays afin de réfléchir sur un nouvel Eldorado. Mais le choix d'Altroto sera mitigé du fait que, d'un côté, il fera comme les autres en rentrant à Kinshasa, mais de l'autre, il se disait que son prochain Eldorado ne serait qu'en Angola.

C'est en prenant ces résolutions qu'il quittera Kiambamba et sa Province de Lunda Norte en compagnie d'un ami surnommé *Le Blanc* — un sobriquet rappelant la couleur de sa peau de métis — qui, à Kinshasa, habitait dans le quartier Mombele dans la commune de Limete. Et la destination finalement choisie était Luanda, capitale de l'Angola. C'est ainsi que s'acheva, sous une odeur de septième échec, la deuxième phase de son aventure à Lunda. Le bilan fut assez négatif qu'il en garda un goût amer.

Au bout du compte, cette seconde chance qu'il voulait absolument saisir s'était transformée en un récital de malchances qui entamèrent sa fierté de *Mwana Lunda*.

7. Luanda : transition ou tremplin pour une nouvelle vision

Fidèle à son plan échafaudé en catastrophe à Kiambamba, Altroto reprendra vite son bâton de pèlerin. Cette fois-ci, la destination ne sera plus Lunda qui lui était resté en travers de la gorge et n'avait plus rien d'intéressant, vu que le trafic du diamant appartenait à l'histoire ; c'est plutôt vers Luanda qu'il mettra le cap.

Lunda et Luanda, ça sonne presque pareil. Pourtant tout change dans le contenu. Si la première n'était qu'une mosaïque de petits villages regorgeant d'énorme quantité de diamants et que tenait l'UNITA, la seconde est une cité moderne avec son économie basée sur l'exploitation pétrolière et administrée par le MPLA. Et au regard de ce topo, cela changeait tout : du moyen de gagner sa vie à l'autorité à qui faire désormais allégeance. Mais comme tout se trouvait en Angola, et qui dit Angola dit gagner de l'argent, cela lui était égal. Après tout, seul le fric l'intéressait, et il n'avait rien à cirer du reste.

Toutefois pour y aller, ils résolurent — lui et son ami Le Blanc — de passer par sa province habituelle de Lunda Norte, n'ayant à leur actif qu'un petit diamant de trois mille dollars américains au prix de Kiambamba. De là, ils passeront successivement par Domingo Vaz, Wiji, Malange et d'autres petits villages sur leur route pour Luanda. Puis à leur arrivée dans la capitale angolaise, ils vendront ce diamant à quatre mille cinq cent dollars américains qu'ils se partageront équitablement : deux mille deux cent cinquante chacun.

Entre-temps, Luanda étant la ville la plus chère du monde pour les expatriés, au regard de leurs habitudes de consommation, des prix de logements et articles des shoppings, nos deux Kinois n'ayant pas encore assez de moyens trouveront refuge auprès d'une vieille connaissance au siège de Kabuscorp Sport Clube do Palanca : est une équipe de première division angolaise fondée en 1994. Mais ce footballeur les chassera finalement dès qu'il découvrit que Le Blanc courtisait sa femme.

Ainsi, vadrouillant dans les rues de cette mégalopole, ils étaient obligés de fructifier l'argent qu'ils avaient en poche, de peur qu'il ne s'épuisât alors qu'il n'y avait plus de carrière où ils pouvaient gagner de l'argent sans prix d'achat, en utilisant simplement leurs bras pour creuser une galerie et tamiser le sol potentiellement minier. C'est ainsi qu'après une étude du marché et par rapport à son expérience dans le vestimentaire, Altroto se lancera dans la friperie.

En effet, et ceci tient juste lieu d'information, les friperies de Luanda se distinguent de celles de Kinshasa en ce qu'elles sont constituées des pièces rares et vêtements de belles marques. Ce qu'il accueillit avec satisfaction, car, avec son goût prononcé pour la mode, il y trouvait l'occasion de se faire lui-même le mannequin des habits qu'il vendait à ses clients. Et il en tirera de gros avantages, car à cette époque, l'Angolais lambda se vêtait simplement d'un pantalon de jeans — Levis ou Diesel — avec des chaussures venant principalement du Portugal. Mais avec son allure de *jeune premier* connaisseur des *bilele*[33], il suscitait l'admiration des habitants de Luanda devenus fans de son look BCBG. Cela renforça son chiffre d'affaires et lui ouvrit d'autres horizons que très vite, il commença à s'approvisionner auprès d'Aza Branca et Rock et à revendre ses articles au Marché Imbonder à Palanca.

Gagnant de plus en plus de l'argent, il monta d'un cran en achetant cette fois-ci sa marchandise auprès des fournisseurs revenant de l'Europe. Bientôt il habillera les cadres et plusieurs personnalités du showbiz à travers la ville de Luanda, faisant que sa renommée se répandît dans les milieux des affaires et autres, jusqu'à être reconnu comme grand sapeur, styliste et modéliste. Il organisait désormais des défilés de mode et concours de SAPES et siégeait par moment en qualité de membre du jury lors d'événements de mode organisés par des tiers. En sus, il habillait nombre de musiciens congolais basés à Luanda.

---

[33] Nom donné aux vêtements chics par les sapeurs de Kinshasa.

Signalons en outre qu'il entraînera dans ce commerce de vêtements, son ami Le Blanc qui deviendra lui aussi un grand vendeur. Ils resteront ensemble pendant quelques mois. Mais avec le temps, les ambitions et les désirs d'autonomie, chacun trouvera son gîte où il ira construire sa vie. Altroto trouvera alors une maison d'habitation dont le loyer mensuel lui coûtait cent dollars américains, et qui devenait une référence pour les amoureux de la SAPE à Luanda, quoique pour les affaires il gardait son étalage de vente de vêtements au marché.

Et comme l'autonomie domiciliaire appelle souvent la vie de couple, Le Blanc se mariera peu après avec une femme nommée Nsimba qui avait déjà une enfant de sa liaison antérieure, tandis qu'Altroto le fera de son côté avec Yvonne avec qui il aura une fille qu'ils prénommèrent Ruth.

Cependant les rapports entre ces deux tandems seront très vite détériorés à la suite d'une histoire qualifiée de drôle. En effet, Yvonne la femme d'Altroto développant des pressentiments vis-à-vis de Nsimba ne voulait absolument pas que celle-ci touchât son enfant Ruth. Bien entendu, Altroto qui voyait les choses autrement le mettait sur le compte de la superstition. Puis un jour après insistance, Yvonne sur autorisation d'Altroto confia son enfant à Nsimba pendant qu'ils sortaient pour quelques courses. Et la nuit, sans qu'elle ne tombât malade, Ruth mourut vers quatre heures du matin.

Pendant le deuil, Yvonne accusa publiquement Nsimba d'avoir tué mystiquement sa fille. Et bien qu'Altroto qui ne croyait pas à la sorcellerie tentât de calmer les esprits, cela avait causé des dégâts, à telle enseigne que Nsimba ne pût assister aux obsèques de la petite.

Mais le plus grave se produira quand certaines personnes allégueront que c'est Altroto lui-même qui aurait sacrifié sa propre fille pour la réussite de son business. C'est ainsi que ne pouvant supporter ces racontars, il se battît avec certains de ses amis venus assister à ces obsèques.

Finalement avec le temps, il se propagera dans les rues de Luanda que Nsimba et sa file âgée de huit ans pratiquaient bien la sorcellerie, et c'était même la raison pour laquelle elles durent fuir Kinshasa, parce qu'on menaçait de les lyncher. Ce qui ne faisait que créditer les pressentiments d'Yvonne qui, dix jours après l'enterrement, pendant qu'elle dormait dans la journée, fera un rêve dans lequel Nsimba et sa fille cherchaient à la tuer. Prise de peur, elle se réveilla en sursaut, et l'incriminée fuira pour se cacher chez les voisins en attendant le retour d'Altroto.

Lorsque celui-ci rentra en compagnie de son ami Le Blanc, Nsimba rentra elle aussi à la maison. Yvonne en profitera alors pour leur raconter son rêve, en donnant même des détails sur les habits que portait Nsimba, des habits qui correspondaient authentiquement à ce qu'elle portait ce jour-là.

Altroto en sera furieux. Lui qui jadis ne croyait pas à ces histoires, ira pourtant jusqu'à crier de toutes ses énergies qu'elle allait tuer sa femme avec un couteau. Par la suite en se rendant chez Le Blanc, les deux n'y trouveront que la fillette qui d'ailleurs avouera les faits sous la menace : donc racontera comment elle et sa maman auraient procédé pour tuer Ruth.

Suite à ces révélations, la colère d'Altroto monta d'un cran qu'il sortît son couteau pour la poignarder. Mais des gens le retinrent puis il se ressaisit. Et depuis ce jour-là, tous les jeunes du quartier commencèrent à menacer cette dame et sa fillette.

Quant à Altroto, il voulait toujours se venger. C'est ainsi qu'il suivit secrètement un jour la fillette en question jusqu'à un coin isolé où il lui lança une grosse pierre sur sa poitrine. Mais la fille ne succomba pas. Yvonne aussi de son côté cherchait aussi à se venger. Ayant appris quelques instants plus tard que Nsimba devenait enceinte, elle lui lança un jour une grosse pierre sur son ventre afin de tuer l'enfant qu'elle portait. Mais là aussi, le fœtus n'en mourut pas.

Ils chercheront ultérieurement d'autres occasions pour se faire justice, mais ça ne se présenta plus. Par contre, l'affaire avait été portée à la police qui prévint d'arrêter Yvonne au cas où l'enfant à naître mourait. Heureusement que cela n'arriva pas, car Nsimba accouchera dans de bonnes conditions. Ce qui épargnera à la femme vengeresse d'éventuelles accusations d'infanticide. Toutefois avec ce climat devenu délétère, la fillette traitée de sorcière finira par fuir la maison pour devenir clocharde.

Toutefois pour Altroto qui en aura tout vu, plus rien ne sera comme avant. Cette histoire qui avait fait le tour de Luanda ressuscitera malheureusement ce dégoût qu'Altroto avait autrefois cultivé durant son séjour à Lunda. Quoi qu'il en soit, Lunda, c'était comme Luanda, avec les mêmes espoirs et débuts prodigieux qui se muaient en mêmes douleurs, lui causaient les mêmes amertumes, lui arrachaient les mêmes larmes, et lui suscitaient les mêmes regrets. Arrivant in fine à la conclusion que l'Angola n'était pas un terrain propice à son bonheur, il prendra des résolutions pour le quitter.

Partie 3. Europe : Le grand saut vers l'inconnu du plus connu

8. Europe : calvaires, rencontres, renommée et soubresauts

Ses jours en terre angolaise étant comptés depuis son irrévocable décision de s'en aller, il commença par liquider son magasin de vêtements et tout ce qu'il avait comme biens. Le reste, donc ce qui ne pouvait pas être vendu ni emporté, sera distribué à des amis en guise de remerciement pour leur soutien dans cette ville pas facile, mais aussi d'au revoir. Et avec ce qu'il réunit comme argent, par la grâce divine, il entama des démarches pour un voyage qui devait l'emmener cette fois-ci de l'autre côté de la Méditerranée. Il lui fallait pour cela un passeport, un visa et des moyens de subsistance.

Sur son viseur, la France était la cible privilégiée, étant donné que tout jeune déjà, il ne rêvait que de Paris : cette ville lumière et capitale de la mode encensée de mille manières par les musiciens congolais. C'est ainsi qu'après avoir porté l'étoffe de *Mwana Lunda*, il brûlait d'envie de devenir *Parisien* : cette appellation brillant comme des bijoux dont se parent tous les jeunes ressortissants des deux Congo ayant eu le privilège de migrer en Europe. Qu'ils vivent en France ou ailleurs, on les appelle *Parisiens*. Et comme cela suscite la déférence des gens restés au pays, il faudra à tout prix le devenir. Seulement, plutôt que de devenir un *mikiliste*[34] vivant en Belgique, en Suisse, en Allemagne, en Angleterre ou ailleurs, il voulait être un vrai *Ziana* de France.

Et le destin lui souriait parce qu'entre temps, il rencontrera un aîné appelé affectueusement *Papa-Leki*[35] par les membres de la Communauté congolaise à Luanda qui, ayant

---

[34] « Mikili » est un terme en Lingala qui se traduit par « les mondes ». Comme les journalistes parlent de « mikili ya poto » (donc les pays d'Europe), les Kinois ont fini par l'identifier à l'Europe. D'où, ceux qui y vivent deviennent des « mikilistes ». Signalons par ailleurs que plusieurs autres termes servent à désigner ces compatriotes de la diaspora, parmi lesquels : Ziana (de Pariziana, donc ceux qui vivent en France), Djicain (de Belgicain, donc ceux qui vivent en Belgique), etc.

[35] Oncle paternel frère cadet de papa.

appris qu'il désirait se rendre en Europe, l'aidera à obtenir un visa pour l'Espagne, juste au moment où il obtenait un passeport avec l'aide de son ami Mbodi Timothée qui vit présentement en France. Toutes ces démarches lui avaient coûté au total six cents dollars américains.

La prochaine étape consistait à se payer un billet d'avion. Ainsi, mille deux cents autres dollars américains seront dépensés pour l'achat du titre de voyage chez TAAG, la compagnie d'aviation angolaise.

En effet, le routing suivant le titre de voyage mentionnait qu'il allait de Luanda à Johannesburg par TAAG, de Johannesburg à Madrid puis de Madrid à Paris par Lufthansa : une compagnie aérienne privée allemande. Ainsi, durant cette semaine programmée pour le voyage, Altroto se débarrassera du reste de ses habits en les donnant gracieusement à ses amis, clients et admirateurs venus lui dire au revoir à la véranda. Il les leur donnait les yeux complètement fermés, sans tenir compte de la taille des bénéficiaires. Et en retour, ceux-ci organisèrent une grande fête en son honneur, en hommage à tout ce qu'il avait été pour eux.

Finalement au matin du Jour-J, un ami le prit dans son taxi et le conduisit à l'aéroport de Luanda. À bord, il était naturellement avec Yvonne. Mais le plus frappant fut qu'en regardant dans le rétroviseur, il voyait tous ces gens à qui il avait donné des vêtements les accompagner en courant après le véhicule. Certains scandant des bénédictions en sa faveur pendant que les autres pleuraient en agitant une fébrile main qui lui disait adieu. Ils étaient frappés par la vive douleur de cette séparation que peu de gens seulement arrivent à supporter. Et tous maintinrent ces gestes jusqu'à ce que le véhicule s'éloigna et disparut de leur vue.

Arrivé à l'aéroport de Quatro de Fevereiro, il promit à Yvonne qu'ils se reverraient très bientôt en Europe où ils allaient poursuivre leur vie de couple. Mais l'homme propose Dieu dispose, dit-on, cette promesse ne se réalisera jamais parce qu'Yvonne mourra quatre ans plus tard suite à une épidémie ayant entre-temps frappé Luanda.

Triste nouvelle ! Mais l'homme ne peut tout garantir. Surtout pas l'avenir dont il ne sait absolument pas de quoi il sera fait. Il faudra lire l'Épître de Jacques dans son chapitre 4 versets 13 à 15 pour le comprendre.

Néanmoins ce jour-là, Altroto fidèle à son habitude avait pris l'avion pour cet inconnu que tous les Africains connaissent par cœur, du fait qu'ils rêvent d'aller y vivre. Pour lui, c'était juste un nouveau front qui s'ouvrait. Un front où il allait se battre comme toujours en vue de réussir cette vie qu'il n'avait quasiment pas réussi à gagner malgré sa détermination en Angola. Et durant le voyage, son parcours l'ayant conduit de Kinshasa à Brazzaville, puis à Kikwit, Kahemba, Tembo, Lunda Norte et Luanda lui revenaient à l'esprit avec un certain parfum d'échec, et il s'en rétractait en se fixant de nouveaux objectifs et défis pour les années futures.

Arrivé en Afrique du Sud, à l'aéroport international Oliver Reginald Tambo où il devait changer d'avion pour Madrid, d'autres voyageurs passaient au contrôle dans les locaux de l'immigration. Les officiels Sud-africains l'épargneront pourtant en le sortant de la file. Mais par peur d'être refoulé après tous les efforts déployés et des objectifs assignés pour son futur, il reprendra indiscrètement sa place dans la file. Le policier en charge de gérer cette queue lui en fera la remarque dans un Anglais qu'il ne comprenait pas du tout, mais lui, croyant que son passeport était frappé d'un faux visa, y retournera pour la troisième fois. Cela démontre bien la nervosité que puisse avoir un Africain lorsqu'il voyage pour la première fois dans un pays de rêve.

Finalement, après qu'on lui rassurât qu'il n'avait rien à craindre, il se calma puis alla retrouver un groupe de gens qui étaient eux aussi mis de coté. Ensuite, ils passèrent à la salle d'attente en vue de prendre le prochain vol devant décoller dans les prochaines heures pour Madrid.

À propos, même s'il voulait aller à Paris, son passeur, en compagnie d'un groupe de personnes qui voyageait aussi avec lui, avait suggéré qu'il restât quelque temps en Espagne, le temps de trouver un moyen pour le faire entrer en France. Le contrôle à l'aéroport de Charles de Gaulle étant tellement rigoureux, il risquait de se faire refouler avec ses documents pas très conformes. C'est ainsi qu'à leur atterrissage à l'aéroport Adolfo Suarez de Madrid — un certain 22 mars 2000 à six heures trente-cinq —, il suivra ces consignes en restant sur place avec les autres membres du groupe, parmi lesquels il y avait un jeune Congolais répondant au nom de Soki qui cherchait lui aussi à passer en France.

En descendant de l'avion, ils arrivent à sortir sans être inquiétés. Dans le hall de l'aéroport, ils cherchaient à identifier la sortie. Avec ses réflexes d'ancien *cascadeur*[36] en Angola, Altroto se débrouillait tellement bien que les autres membres du groupe pensaient qu'il avait déjà été en Europe. Pourtant ce n'était pas le cas. Son seul avantage était qu'il savait lire les panneaux d'indication de l'aéroport. Et c'est ainsi qu'il demanda aux onze autres membres du groupe de l'attendre afin qu'il repérât la sortie et qu'il revînt les chercher.

Lorsqu'ils sortirent enfin de l'aéroport, il se rendit sans tarder dans un parking où un taximan lui demanda trois mille euros afin de les emmener à Paris. Était-ce un prix raisonnable ou une somme exorbitante sentant l'escroquerie à plein nez ? Il ne pouvait le dire aussi longtemps qu'il venait juste d'arriver et ne savait rien sur ces genres de tarification. Il alla tout de même informer les autres qui entre-temps se renseignaient auprès d'un groupe de gens sortant du métro et qui, comme eux, n'en savaient absolument rien.

Finalement il aperçut un homme qui selon toute vraisemblance était un Antillais. Il lui exposera leur problème et celui-ci les aidera en les conduisant avec Soki qui l'avait rejoint jusqu'à la gare Centrale où il y avait toutes les possibilités de rejoindre une destination de son choix. Cependant, comme il n'y avait plus de places dans les bus à destination de Paris, ils étaient donc obligés de passer la nuit à Madrid. Ainsi, faute d'endroit où mettre la tête, les deux novices se coucheront dans le hall de la gare, là où ils remarqueront une jeune demoiselle qui s'intéressa à eux.

---

[36] En Lingala, ce terme s'applique aux kasa-kasa, donc aux courageux qui s'en sortent dans des situations assez difficiles.

C'était une jeune Allemande qui tomba sous les charmes d'Altroto dont le look, la silhouette et la prestance l'avaient captivée.

Ouvrons une parenthèse à ce niveau pour signaler un fait nouveau que nos deux *Zairenses*, à l'instar de l'écrasante majorité des subsahariens, avaient constaté. Si chez nous, seuls les hommes prennent le courage de draguer les femmes à cause du concept faisant que toute fille qui aborde un garçon pour ce genre de relation soit traitée de pute, en Europe — et surtout en Amérique — ces barrières sont d'ores et déjà tombées en faisant qu'une femme qui tombe amoureuse d'un homme lui en fasse part en toute liberté sans qu'on ne la soumette à un procès de mœurs. C'est ainsi qu'Altroto se fera draguer par cette fille qui, malgré quelques incompréhensions dues à la différence de langues (elle parlait un espagnol teinté d'Allemand tandis que le Kinois parlait français et un peu de Portugais), ils arriveront à se comprendre. Finalement leur nuit se termina dans un Hôtel, tandis que Soki se débrouilla comme il put pour passer la sienne.

Au bon petit matin, Altroto se sépara de l'Allemande, heureux d'avoir été logé gratuitement et pris en charge par cette inconnue. Toutefois avant de se quitter, ils s'échangèrent des coordonnées dans l'espoir de se revoir très bientôt. Altroto rejoignit alors Soki pour prendre un bus à destination de Paris où ils descendirent à la Porte de Bagnolet aux environs de quatorze heures.

Néanmoins, comme cela arrive à tous les explorateurs sans guide qui atterrissent dans un lieu pour la première fois, Altroto qui ne savait pas encore comment rejoindre sa destination décidera dans un premier temps de suivre Soki dont la sœur était venue le chercher à la gare. Celle-ci les emmènera à son domicile situé à Les Ulis, au sud-ouest de Paris, dans le Département de l'Essonne en région d'île de France.

Deux jours plus tard, contacté par son beau-frère Noé Batimba, le frère aîné de sa femme Yvonne restée à Luanda, Altroto ira le rejoindre dans son habitation à Aubervilliers, en banlieue parisienne située dans le département de Seine-Saint-Denis, toujours en île de France. Avec son beau-frère venu le chercher, ils quitteront Les Ulis à quatorze heures et arriveront à Aubervilliers à quinze heures, là où il logera dans une maison compliquée, aux côtés de plusieurs colocataires de plusieurs nationalités et de divers trains de vie qui, du reste, étaient des sans-papiers comme lui.

Toutefois, malgré les conditions de vie difficiles dans cette maison, son beau-frère fera tout pour le mettre au pas des réalités de l'Europe. C'est ainsi que quelques mois consécutifs à son arrivée, sachant ce qu'il faisait à Luanda et inspiré par son aspiration à évoluer dans ce créneau de la mode, Noé Batimba l'emmènera faire un tour au marché où il le présentera à un sujet portugais — un certain Monsieur José — qui vendait des friperies.

Auprès de Monsieur José, Altroto, en vrai connaisseur vestimentaire, commencera à acheter des vêtements qui le feront vite remarquer à Aubervilliers grâce à son style et sa façon d'agencer les couleurs.

Reprenant finalement son business de la vente d'habits et se faisant mannequin pour son propre compte, il attira son entourage qui s'empressa à acheter tout ce qu'il portait et faisait porter. Petit à petit, sa renommée arriva jusqu'aux oreilles des promoteurs de mode qui lui proposèrent de prester comme mannequin pour le compte de leurs agences.

Comme la maison dans laquelle le beau frère hébergeait Altroto était un squat et qu'en plus, d'autres personnes sans papiers y résidaient, le propriétaire du lieu, après quelque temps d'absence, revint un jour pour constater que certaines portes avaient été défoncées. C'est ainsi que, totalement agacé par cet acte, il chassera tout le monde avec l'aide de la police.

Altroto n'y apprendra qu'une des milliers de facettes sombres de cette vie en Europe dont il rêvait tant. En sus, cet évènement ouvrira le chapitre de son calvaire dans cette partie du monde. Ainsi, devenu sans-abri, il passera des nuits entières dans des véhicules et dans les bars. Quand il avait un peu d'argent, ce qui était assez rare, il se payait une chambre d'hôtel. Il vivait les moments les plus durs de sa vie, pendant que sa famille ployant sous une misère de plus en plus insupportable en RDC espérait qu'il leur envoie de quoi survivre, et que ses amis restés en Angola l'enviaient au point de rêver être à sa place dans cette Europe pour laquelle ils étaient prêts à tout donner dans le but d'y aller. Voilà le mal dont souffrent plusieurs Africains de la diaspora. Tout le monde les croit aux anges, pendant qu'ils vivent un enfer qui ne dit pas son nom.

Pourtant, malgré ces difficultés, Altroto restait serein. Doté d'une nature à supporter les épreuves, il savait que la vie se gagnait par ces genres de combats. Il avait connu pire que ça en Angola où il réussissait tant bien que mal à tirer son épingle du jeu. Voilà pourquoi il ne se plaignait auprès de personne et cachait ses galères.

Quelques mois plus tard, il trouva un job dans une société de gardiennage. Mais c'était dans *le noir*, c'est-à-dire non reconnu par l'État français, vu qu'il n'avait toujours pas de carte de séjour régulier pour résider et travailler sur le sol français. Il fallait donc ressusciter ses vieux talents de cache-cache perfectionnés à Lunda. Entre-temps, il faisait des va-et-vient à la sortie des métros de Paris à Étienne Marcel, le châtelet, Le Marais, etc. pour chercher des vêtements, des chaussures et autres accessoires de mode à revendre. Preuve que l'expérience angolaise lui était utile.

Quelque temps après, une dame, Chantal, dont le frère, Rémy avait une agence de mannequins, lui proposera de devenir mannequins dans l'agence de son frère. Le métier de mannequins n'est pas que glamour et lucratif. En plus d'autres exigences professionnelles, il est surtout rude et exige beaucoup du point de vue apparence, morphologie, patience et persévérance. Altroto le savait pour avoir presté dans ce domaine en Afrique où les choses sont mille fois difficiles par rapport à là où il évoluait. Et il travaillera en conséquence.

Cela s'était passé en 2004, quand cette dame l'ayant observé depuis quelque temps lui remit la carte de visite de son frère, avec un rendez-vous à la clef. L'agence en question s'appelait « Joker » et se situait au métro « École militaire » : une station du métro située dans le 7e Arrondissement de Paris.

Le jour suivant, Altroto appela au numéro mentionné sur la carte. Et après une séance de photos jugée satisfaisante, il signera un contrat d'une année. Sa taille et son background en matière vestimentaire ont été un atout pour son engagement.

Toutefois, son manque de titre de séjour régulier en France constituait un risque non négligeable dans ce pays où les expulsions faisaient partie de la vie quotidienne. Il avait déjà, en 2003, introduit une demande d'asile ; mais son dossier avait été rejeté. Cela faisait déjà trois ans qu'il vivait en France sans être reconnu par l'État français. Mais cela n'avait pas entamé son optimisme, à telle enseigne qu'il puisera ses forces dans ses expériences africaines en vue de continuer ce combat qu'il ne comptait surtout pas perdre.

Entre-temps il donnait le meilleur de lui-même dans son domaine de rêve et de prédilection qu'est la SAPE. C'est ainsi que, dans le souci de se démarquer et de mettre en valeur son côté artistique et créatif, il abandonnera ses cheveux courts en se laissant pousser des *dreadlocks* nouées la plupart de temps derrière la nuque, prenant de ce fait les allures d'un Rastaman alors qu'il ne l'était pas du tout.

Entre 2005 et 2006, à la fin de son contrat avec l'Agence « Joker », il sera sollicité pour le magasin « Le Printemps », une chaîne française de grands magasins de mode où il fera des photos qui seront exposées à Paris pour le compte de grandes marques mondiales de luxe. Cela lui ouvrit d'autres portes avec de grands couturiers qui le découvraient à travers ces grands magazines. Le premier à être attiré vers lui sera un célèbre styliste britannique et créateur de haute couture qui lui proposera un contrat de deux millions de dollars américains pour ses grands défilés. Malheureusement, ils ne parviendront pas à s'entendre sur les termes du contrat.

Il était déçu d'avoir loupé une telle cagnotte, mais cela ne le découragea pas et il continua son parcours avec d'autres ambitions et d'autres visions, embrassant pêle-mêle le mannequinat, l'habillage des musiciens congolais de renom, des photos pour le compte de grandes maisons de vêtements et beaucoup d'autres choses pour lesquelles il avait rempli son carnet d'adresse.

Au fil des années, comme il manifestait un goût prononcé pour la beauté depuis sa tendre jeunesse, il finira par créer sa ligne de vêtements en lançant sa propre marque « Pièces rares » : un défi très audacieux qui consiste à coudre des habits à la main, un travail magique, des chefs d'œuvre, etc., et ce, grâce à sa belle coupe et la qualité de ses finitions. Ce projet, ou mieux ce rêve devenu réalité, sera bien accueilli dans tous les milieux parisiens et commencera à faire son chemin.

Entre les années 2006 et 2007, il fera la connaissance d'une Juive-Française du nom de Katel, habitant à Bordeaux et originaire de la Bretagne. Ça sera un coup de foudre foudroyant, si on nous passait le pléonasme, au point qu'Altroto ne tenait plus qu'à l'épouser. Mais ses parents, sans pour autant en préciser les raisons, ne voudront pas de cette union. Et par conséquent, les concernés mettront un terme à leur passion qui n'aura duré qu'une année et quelques mois. Ce sera plus tard, en recherchant cette âme sœur qui lui manquait, qu'il rencontrera finalement Manuela Nirenold avec qui il aura une fille : Ethia Nirenold Wembekoho.

Sur ces entrefaites, sa carrière poursuivait son bonhomme de chemin. En 2011, à l'invitation de Jules Lemiche à Bruxelles dans un centre culturel, il épatera un public séduit par sa collection « Pièces rares » qu'il présentait accompagné de « Le diable de Vêtements » que présenta son ami Faysal, le journaliste Papa Rolls et sa femme Mundele-Ndele, une française. Cet évènement restera mémorable pour lui et pour de nombreux professionnels de la mode ayant rehaussé cette cérémonie de leur présence.

Avec plusieurs vêtements, il défila de cœur-joie et sous l'œil attentionné du public qui ira jusqu'à le baptiser « Roi Arthur », car selon eux, il s'était habillé comme un noble prince du Moyen-âge. Ce qui fit qu'à la fin de ladite cérémonie, nombreux l'approcheront afin de l'admirer de plus près et avoir ses coordonnées, alléguant que ses tenues étaient tout simplement sublimes et uniques à leur genre. Cela permettra à son talent d'être reconnu, avec son corollaire d'autres contrats.

François Mauriac disait : « nous méritons toutes nos rencontres et qu'elles sont accordées à notre destinée. » C'est dire que Dieu, dans son plan, avant même que nous puissions venir au monde, avait prévu de bonnes choses pour nous. Il ne nous reste qu'à les saisir pour notre épanouissement. Ce que François Cheng avait bien compris quand il ajouta que « l'individu a toujours connu son épanouissement grâce à ces rencontres successives avec l'extérieur. »

Grâce à son travail, Altroto a fait de grandes rencontres avec de grandes et bonnes personnes. Des rencontres qui ont changé le cours de sa vie, non sans le propulser dans sa carrière de styliste. Ainsi, un styliste étant une personne dont le travail consiste à dessiner des vêtements, Altroto aura la particularité de tout faire à la main. C'est un passionné de la customisation, en ce qu'il personnalise les vêtements à son goût en y ajoutant des accessoires qui le différencient des autres et dont il est le seul à expliquer dans les moindres détails.

Par ailleurs, étant donné qu'il fait lui-même les coupes de ses vêtements, il est donc un styliste en solo qui travaille sur mesure. Il imagine, dessine ou crée des modèles qui composent sa collection de « Pièces rares » dont il tire la quasi-totalité de son inspiration des émissions de crimes comme *Les Enquêtes impossibles*. La durée de confection de ses modèles peut prendre trois à six mois, mais il lui arrive aussi de passer un an à travailler sur un seul modèle.

Côté Rumba congolaise, c'est grâce à Christian Lema — un musicien de Viva la Musica Nouvelle Écriture — qu'il fit la rencontre de Papa Wemba, cette icône de la musique africaine et leader de la scène musicale congolaise qui tira sa révérence sur scène à Abidjan en avril 2016.

En effet, Altroto vivait dans la même banlieue d'Aubervilliers où sa renommée célébrant son goût vestimentaire et son travail de mannequins auprès de grandes marques de Paris parvint aux oreilles de Papa Wemba par l'entremise de Christian Lema. Et aussitôt, il chercha à le rencontrer. Quelques jours plus tard, Christian Lema organisa cette rencontre au cours de laquelle le musicien recevra le styliste à Bobigny, une Commune située dans le département de la Seine-Saint-Denis en île de France. Nous étions-là en

2003, une année pendant laquelle Altroto venait de commencer son mannequinat d'hiver chez un grand couturier de la place à Paris. Il était seize heures vingt quand Papa Wemba le recevait dans son bureau de Bobigny, en présence de Bayard de Munich : un de ses amis et fans.

À première vue, ce grand musicien pourtant très rigoureux en matière vestimentaire, référence faite à son *bien sapé, bien rasé, bien parfumé, na ba griffes ya somo* institué en 1980 et qui est devenu la norme pour la jeunesse Africaine, sera déjà impressionné par le manteau qu'avait porté son invité. C'était un manteau de fourrure avec une tirette à même d'être fermé afin de cacher le visage de celui qui le porte. C'est ainsi que, très accueillant et extrêmement sympathique, Papa Wemba échange avec joie et intérêt avec Altroto qui lui parla des détails, non seulement sur les habits qu'il portait, mais aussi sur son travail de mannequinat.

C'est de là que tout était parti. Altroto deviendra le styliste personnel de cette star de la musique congolaise et mondiale qui lui payait au comptant, et à qui il faisait aussi quelques cadeaux en termes de tenues vestimentaires. Grâce à cette collaboration, Altroto était encore bien introduit dans le monde musical, vestimentaire et culturel international à travers des dédicaces dans ses chansons et sa présence dans ses clips comme figurant.

Une coïncidence qui va lier leur collaboration, c'est la tribu « *Tetela* » dont les deux étaient originaires. Ce qui va encore lui ouvrir les portes de l'orchestre *Viva la Musica*, car il commençait à avoir un mot dans son milieu. Il y découvrira bien d'autres personnes célèbres et proches de Papa Wemba comme le Colonel Jagger, un ami d'enfance de ce dernier.

Pendant ce temps, d'autres grands noms de la musique s'ajouteront à son pedigree. *Fally Ipupa, Werrason*, etc. porteront eux aussi ses vêtements.

Cependant, étant donné que toute médaille contient un revers, sa renommée et le fait d'être à côté de Papa Wemba lui attireront quelques soucis dans le milieu congolais, notamment le Gouvernement G7 dont les sept ministres de la SAPE qui n'acceptèrent pas cette adoption ou reconnaissance de la part de Papa Wemba comme celle d'un sapeur hors pair.

On ne saura jamais qui l'avait balancé à la police pour que celle-ci l'arrêtât en 2007 en l'accusant de vendre de la drogue dont l'argent lui permettait de porter des habits coûtant jusqu'à trente-sept mille dollars américains, ce qui lui a valu deux jours en garde à vue. Tout ce qu'on saura, c'est qu'après vérification, Altroto ayant été contraint d'emmener les policiers à l'Agence pour laquelle il travaillait et qui l'habillait, il sera relâché et ce dossier sera classé sans suite. Les policiers finalement confus lui vendront la mèche en le conseillant de faire attention à son entourage, car c'est de ses propres compatriotes qu'ils tenaient ces informations.

Ainsi va la vie. N'est-ce pas qu'on dit : « moto akoboma yo ezali kaka oyo oliaka mpe omelaka na ye[37] » ? Il suffit d'écouter la chanson *Who the cap fit* de Bob Marley pour se faire une idée de ce monde pourri dans lequel nous vivons.

Qu'à cela ne tienne, Altroto continuera contre vents et marées son travail. Pour lui remonter le moral et le propulser dans sa carrière de styliste et modéliste, Papa Wemba en personne lui proposera de figurer dans le Clip de la chanson *Belle inconnue* de l'album *Kaka Yo* sorti en 2008, conçu par Jeff Attiogbe surnommé *Le Gaou Magicien* en référence à son travail sur l'album à succès *Premier Gaou* de *Magic System* en 1998, et que réalisera *Bomb Factory Studio* : une structure de production audiovisuelle d'Aubervilliers et qui est aussi un studio d'enregistrement, de mastering et de montage vidéo.

Hormis le cadeau personnel que lui fit ce Roi de la Rumba congolaise pour l'aider à se remettre du complot dont il était l'objet, il a surtout été sélectionné pour son physique correspondant à l'imagination du directeur de casting. Tout compte fait, et il fallait s'y attendre, car Papa Wemba ne produisait pas des œuvres de piètre qualité, ce clip sera bien accueilli par les mélomanes du monde entier, en ce qu'il

---

[37] Celui qui te tuera n'est personne d'autre que celui avec qui tu manges et bois.

ramenait le public dans cette atmosphère de piano-bar des années 1950.

En tant que figurant, Altroto apparait dans la foule tout vêtu d'un costume vintage velours de couleur verte et d'une paire de chaussures d'une grande marque. Cela avait raffiné de plus belle son goût pour la musique.

Remarqué et confirmé à travers ce beau clip de Papa Wemba comme Styliste, Modéliste ou encore comme Sapeur, Altroto verra plusieurs stars de la musique d'approcher de lui pour qu'elles soient habillées par lui pour leurs différents rendez-vous. C'est notamment Emmanuella Beleye , pour ne citer que celle-ci , artiste chanteuse sous la direction de Lelevro Dance & Punk ,

9. Perspectives d'avenir

Peter Drucker, Professeur et Théoricien en management soutenait que : « le meilleur moyen de prévoir le futur, c'est de le créer. » C'est en suivant cette logique qu'Altroto s'est forgé une vie, mais surtout une carrière qui ne lui ouvrait pas les bras. Il a dû aller la chercher, avec toutes les souffrances et échecs qui ne manquaient que la bouche pour lui dire carrément d'abandonner.

C'est ainsi qu'au vu des situations autour de lui et ses ambitions personnelles, il s'affaire à concocter bien de projets pour lui et pour le monde. Ainsi, après avoir tout imaginé et en recherchant des solutions, il est temps pour lui de passer à l'action, car l'avenir se prépare déjà aujourd'hui, par des visions, des intentions et des projets.

Et ses perspectives se présentent comme suit :

Premièrement, à force de fréquenter les artistes musiciens, principalement Papa Wemba dont le clip « Belle inconnue » où il participa en tant que figurant, avait ravivé sa passion pour cet art, il se décide lui aussi de réaliser son premier single intitulé « Pièces rares, 1er Volume », afin de prouver son talent inné dont les vestiges enfuis dans les réminiscences d'une jeunesse évincée par le goût du business. Sous la coordination et l'arrangement d'Alexis Azulino, avec Picthou de Polka comme guitariste soliste, transfuge de l'orchestre du musicien congolais Félix Wazekwa, cet album contiendra cinq titres qu'il enregistrera avec le concours de grands musiciens de Paris.

Précisons entre autres que cet opus est une auto production financée grâce à ses économies issues des activités de mode, mais aussi avec l'aide magnanime de certaines personnes de bonne volonté. Il sortira d'ici 2018 et comportera plusieurs styles musicaux allant de la Rumba-Rock jusqu'au Clubbing.

Plusieurs personnes le soutiennent, et à tout point de vue, ce projet, au départ chimérique, car certaines ignoraient son passage comme musicien dans Traction Zénith de Kinshasa en ne considérant que son talent de mannequin, styliste-modéliste, sera réalisé pour mettre en valeur ce côté chanteur qui se marie si bien avec la mode.

Deuxièmement, doté d'énormes talents et potentialités, et débordant d'idées, ainsi que d'un esprit novateur, Altroto voudrait développer ses activités de la mode avec sa ligne de vêtements « Pièces rares » en l'exportant dans d'autres pays du monde. Ainsi il projette d'organiser de grands défilés de mode afin de mettre en valeur son savoir-faire et son sens de créativités dans cet univers de la mode ; avec le seul credo de porter ses créations, de se sentir unique et de se démarquer de tous, car la mode demeure une manière active et efficiente de communiquer, d'échanger et de partager la culture. Et dans ce registre, il compte ouvrir des magasins afin de répondre efficacement à la demande de sa clientèle de plus en plus abondante.

Toutefois, réaliser ces projets de grande envergure nécessite des moyens matériels et financiers conséquents dont il ne dispose pas encore et qu'il continue de chercher par des épargnes et la mobilisation des partenaires désireux de le soutenir.

Troisièmement, doté des qualités photogéniques, au vu qu'il a toujours fait des photos pour les grandes marques, il voudrait parfaire ce métier.

Étant artiste avec un grand « A » qui, hormis, la mode, le stylisme et les photos, il continue à développer ses talents en peinture réalisant par moments, des tableaux que d'aucuns qualifient souvent de chefs-d'œuvre ; il aimerait se lancer jusqu'au cinéma qui reste son plus grand rêve, et espère que dans les jours à venir ce rêve deviendra réalité.

Enfin, quatrièmement, du point de vue social, Altroto voudrait concrétiser le projet en gestation de son association sans but lucratif dénommée : « Aidez les vivants ».

En effet, à travers cette association, il tient à apporter sa pierre en donnant de son temps et du peu qu'il gagne pour soulager tant soit peu la misère, les problèmes de santé et autres dont sont victimes certaines populations dans le monde. C'est dans ce souci qu'il compte s'investir dans la recherche des moyens pour tout projet qui pourrait améliorer les conditions de vie des vivants, quelles que soient leur nationalité ou leur origine.

Ayant aussi vécu les difficultés d'obtention de la carte de séjour en France, une carte qu'il n'obtiendra qu'en 2016 suite à la naissance de sa fille Ethia dont la maman est française, alors qu'il était arrivé en 2000, il espère aider certaines personnes afin qu'elles ne vivent pas ce qu'il a vécu en dix-sept ans de souffrance et de pression.

Conclusion

Tout compte fait, cette biographie retraçant l'histoire vraie d'un jeune homme congolais surnommé Altroto Moda Matrabanga, de son vrai nom Alphonse Wembekoho Omanga et qui vécut quasiment sa vie à la quête d'un bonheur l'ayant amené de Kinshasa à Brazzaville, puis à Lunda Norte et à Luanda, avant d'aboutir en France, ne constitue qu'un message de soutien à tous ceux qui traversent des situations difficiles.

Étant donné que la vie des autres sert à nous inspirer dans un sens comme dans un autre, il convient d'analyser les soubresauts connus par ce jeune courageux et la façon dont il les a affrontés pour comprendre que très souvent la vie se résume en cette formule : vouloir c'est pouvoir.

En effet, Altroto a vécu des temps durs, malheureux et troublés, qui peu à peu, ont cédé à la gloire, à la célébrité et au bonheur que tous les humains cherchent, mais que peu de monde atteint à cause des milliers d'obstacles parsemant leur parcours.

Néanmoins, le plus important, comme disait quelqu'un, c'est de survivre. Et survivre selon Jasinda Wilder, c'est de ne pas être fort, mais plutôt de continuer à respirer jour après jour ; nous dirons par là qu'être fort, c'est apprendre à vivre en dépit de la douleur.

Et c'est ici l'occasion de lancer un appel à toutes ces personnes qui pensent que tout est fini parce qu'ils sont devenus orphelins. Assurément, la vie ne s'arrête pas par la perte de quelqu'un ou de quelque chose de précieux. Le cas d'Altroto s'avère assez éloquent pour le démentir ; du fait qu'il n'a pas croisé les bras, mais s'est plutôt battu bec et ongle en bravant tous les dangers sur son chemin, n'ayant pour seul réconfort moral que cet adage qui stipule : « Aide-toi le ciel t'aidera. »

À propos, Charles Darwin (1809-1882), disant avec sa théorie de la sélection naturelle que « la vie est un processus par lequel les individus présentant les adaptations les plus appropriées connaissent la réussite et parviennent à survivre et à proliférer, pendant que les plus faibles ou les moins adaptés détiennent une faible probabilité de réussir », cela ne nous pousse qu'à dire que la vie est un combat, et que rien n'est facile. Il faudra donc se battre, et à tout prix, pour s'en sortir.

Battez-vous, donc, confiez-vous-en l'Éternel afin de bénéficier de sa grâce ! D'ailleurs, la journaliste Christine Ockrent en ajoutant : « la vie est un combat, on ne doit compter sur personne sauf le ciel, et encore, si on le mérite », ne fait que nous encourager dans cette bataille.

Dès lors, lorsque nous insistons sur le combat à mener dans la vie, nous mettrons en exergue le travail qui apporte des solutions à plusieurs problèmes de l'existence ; puisque c'est par le travail que l'homme arrive à l'abondance, au bonheur et au succès. Les saintes Écritures ne déclarent-elles pas que le travail procure l'abondance ?

En outre, les propos de Mocharrafoddin Saadi qui disait : « quoique Dieu soit le dispensateur de tous les biens, il veut qu'on les achète par le travail », pendant que Pierre-Simon Ballanche ajoute que : « le succès est un chemin que la patience et le travail rendent accessible », donnent des raisons supplémentaires de rappeler à tous ceux qui nous liront qu'il faudrait absolument avoir un métier par lequel votre bénédiction viendra tôt ou tard avec la grâce de l'Éternel. D'où, il faudra que chacun se trouve un métier qui cadre avec les talents que Dieu met en chaque être vivant, quelle que soit son origine.

En effet, Dieu ne peut que vous faire du bien à travers votre métier si vous le faites de bon cœur. Une raison de plus, le Révérend Bony Musungayi des *Assemblées de Dieu de la République Démocratique du Congo* le corrobore en soutenant que « votre travail est un hameçon qui vous procure votre miracle. »

En passant en revue l'histoire d'Altroto, nous avons découvert qu'il eut des moments de grandes déceptions. Cela s'illustre par le fait qu'après avoir gagné beaucoup d'argent à Lunda Norte, il s'est retrouvé très vite en faillite à Kinshasa. Cependant, au lieu de s'avouer vaincu en criant son malheur sur tous les toits, il avait repris courage en rentrant de nouveau à Lunda Norte, avec une nouvelle philosophie et un nouvel objectif, afin de rebondir, ne comptant que sur le Bon Dieu dont il clame être le fils bien-aimé. Ainsi, même si les échecs avaient persisté, au bout du compte, la chance avait fini par lui sourire.

À cela, il faudra dire comme l'artiste et religieuse Alexandra David Néel que : « sitôt que l'on demande quelque chose à autrui, que l'on espère quelque chose de lui, la déception vous guette. »

Quant à nous, nous exhortons encore une fois les jeunes à considérer l'exemple d'Altroto en faisant montre de persévérance, car il nous arrive d'entreprendre quelque chose qui soit couronnée d'échec pour diverses raisons. Mais lorsqu'on ne baisse pas les bras, on finit par triompher là même où on avait chuté. Et la pensée de Bernard Fontenelle qui l'a bien compris lorsqu'il soutenait *qu'on ne réussit qu'à force de patience et de persévérance* arrive à point nommé. C'est ainsi que pour Altroto, sa persévérance lui a valu la reconnaissance dans le milieu de la mode, et bientôt dans la musique. N'est-ce pas que « Le succès est le fils de la persévérance », comme a dit Pierre-Edouard Lémontey ?

Bien sûr que oui, car sans cet effort, il ne serait sûrement pas arrivé là où il est actuellement. Toutes ces étapes n'ont en fait que servi à paver le chemin de sa destinée. « Autour de la paresse, tout est mort, autour du travail tout est vivant. » Cette réflexion d'Alfred Auguste ne sera pas de trop pour nous encourager dans le même sens.

Par ailleurs, oser aller à Brazzaville et à Lunda Norte relève d'un courage exceptionnel, compte tenu de tous les risques encourus. Et cela vaut cet appel du célèbre Cicéron qui disait que « l'homme ne doit borner ses vues ni son zèle au seul avantage du pays où il a vu le jour ; il doit se regarder comme un citoyen du monde entier qui, dans ce sens, ne fait qu'une seule ville. »

Ainsi donc, jeunes gens, soyez courageux dans la vie ! Et puisque nous nous sommes servis de sa vie pour vous exhorter à affronter victorieusement vos problèmes, nous disons un grand merci à Altroto, ce modèle pour la jeunesse, pour les orphelins, pour tous ceux qui ont du talent, et pour tous ceux qui luttent pour un lendemain meilleur. Nous le remercions donc pour nous avoir parlé de sa vie afin d'enseigner aux jeunes le sens de la persévérance face aux défis et difficultés de la vie.

Au travers de sa vie, nous espérons que tous nos lecteurs retiendront ces leçons en notant que le travail, la persévérance, la lutte et le courage constituent des valeurs à intérioriser ; mais que la paresse, la déception, le vol et tout ce qui s'en suit sont des anti-valeurs à bannir. « La récompense du travail n'est pas ce qu'il vous permet de gagner, mais ce qu'il vous permet de devenir », disait John Ruskin.

Ainsi, nous disons encore une fois : bravo l'artiste !

Bibliographie

1. www.congovirtuel.com/page_rapport_faida.php
2. www.kinshasa.cd/inauguration-de-la-nouvelle-maison-communale-de-ngaba/
3. www.mbokamosika.com/article-les-pillages-de-1991-80031584.html
4. https://fr.wikipedia.org/wiki/Brazzaville
5. www.brazzaville.cg/fr/le-port-de-brazzaville
6. https://fr.wikipedia.org/wiki/Kabuscorp_Sport_Clube_do_Palanca
7. www.tpmazembe.com/fr/actualite/5167/champion-d-angola-kabuscorp-veut-mputu
8. https://fr.wikipedia.org/ .../Union_nationale_pour_l%27indépendance_totale_de_l%27 ...
9. https://fr.wikipedia.org/wiki/Unita
10. https://fr.wikipedia.org/wiki/Luanda
11. www.bbc.com/afrique/region-40354746
12. www.angop.ao/angola/fr_fr/noticias/provincias/lunda-norte.html
13. www.diamants-infos.com/brut/pays-production-Angola.html
14. https://fr.wikipedia.org/wiki/Anamongo
15. https://fr.wikipedia.org/wiki/Mongo_ (peuple)
16. www.mbokamosika.com/article-l-histoire-des-mongo-et-des-tetela-105920000.html
17. fr.allafrica.com/stories/201507281207.html
18. africultures.com/php/?nav=livre&no=13689
19. https://fr.wikipedia.org/wiki/Kwango_ (province)
20. fr.db-city.com/Angola--Lunda-Nord
21. https://fr.wikipedia.org/wiki/Lunda-Nord
22. https://www.verif.com/societe/BOMB-FACTORY-STUDIO-449307479/
23. https://www.societe.com/societe/bomb-factory-studio-449307479.html
24. https://fr.wikipedia.org/wiki/Guerre_civile_angolaise

25. *https://www.cinearchives.org/Films-447-313-0-0.html*
26. *perspective.usherbrooke.ca/bilan/servlet/BMHistorique*
    Pays?codePays=AGO
27. *www.rfi.fr/...   /20,170,404-angola-il-y-quinze-ans-*
    guerre-civile-prenait-fin-mpla-unita
28. *musique.ados.fr/Papa-Wemba/Belle-Inconnue-Piano-*
    Bar-t197235.html
29. *musique.rfi.fr/musique/20080624-papa-wemba-le-*
    parrain

30. *www.siforco.com/*
31. *https://business-humanrights.org/... /résumé du procès-*
    contre-le-groupe-danzer-siforc...
32. *https://fr.wikipedia.org/wiki/Beach_Ngobila*
33. *https://www.radiookapi.net/mot-cle/beach-ngobila*
34. *www.rfi.fr/emission/20130911-congo-brazzaville-le-*
    marche-dragages-mpila
35. *www.adiac-congo.com/... /marche-pv-de-mpila-la-*
    manutention-du-ciment-occupe-util...

36. *https://www.memoireonline.com »*   *Géographie*

Table des matières

Du même auteur 5

Dédicace 7

Remerciements de l'Auteur..9

Introduction 11

Partie 1.   Le Pool Malebo : Le début d'une vie mouvementée 13

1.   Des origines très modestes 15

2.   La première bataille pour la survie............................21

3.   Brazzaville, préambule d'une vie de diaspora 25

Partie 2.   Angola : Le début d'une chasse au trésor 31

4.   Le départ pour une nouvelle émigration 33

5.   Lunda Phase 1 : Eldorado ou la sélection naturelle 41

6.   Lunda Phase 2 : La seconde chance 59

7.   Luanda : transition ou tremplin pour une nouvelle vision 76

Partie 3.   Europe : Le grand saut vers l'inconnu du plus connu   81

8.   Europe : calvaires, rencontres, renommée et soubresauts 83

9.   Perspectives d'avenir 97

Conclusion...101

Bibliographie 105

Table des matières..107

www.ingramcontent.com/pod-product-compliance
Lightning Source LLC
Chambersburg PA
CBHW032152020726
47496CB00003B/838